Rut, Esdras, Nehemías y Ester

Serie «Conozca su Biblia»

Rut, Esdras, Nehemías y Ester

por Renata Furst

Augsburg Fortress

MINNEAPOLIS

Esta serie

«¿Cómo podré entender, si alguien no me enseña?» (Hechos 8.31). Con estas palabras el etíope le expresa a Felipe una dificultad muy común entre los creyentes. Se nos dice que leamos la Biblia, que la estudiemos, que hagamos de su lectura un hábito diario. Pero se nos dice poco que pueda ayudarnos a leerla, a amarla, a comprenderla. El propósito de esta serie es responder a esa necesidad. No pretendemos decirles a nuestros lectores «lo que la Biblia dice», como si ya entonces no fuese necesario leer la Biblia misma para recibir su mensaje. Al contrario, lo que esperamos lograr es que la Biblia sea más leíble, más inteligible para el creyente típico, de modo que pueda leerla con mayor gusto, comprensión y fidelidad a su mensaje. Como el etíope, nuestro pueblo de habla hispana pide que se le enseñe, que se le explique, que se le invite a pensar y a creer. Y eso es precisamente lo que esta serie busca.

Por ello, nuestra primera advertencia, estimado lector o lectora, es que al leer esta serie tenga usted su Biblia a la mano, que la lea a la par de leer estos libros, para que su mensaje y su poder se le hagan manifiestos. No piense en modo alguno que estos libros substituyen o pretenden substituir al texto sagrado mismo. La meta no es que usted lea estos libros, sino que lea la Biblia con nueva y más profunda comprensión.

Por otra parte, la Biblia —como cualquier texto, situación o acontecimiento— se interpreta siempre dentro de un contexto. La Biblia responde a las preguntas que le hacemos, y esas preguntas dependen en buena medida de quiénes somos, cuáles son nuestras inquietudes, nuestras dificultades, nuestros sueños. Por ello, estos libros escritos en nuestra lengua, por personas que se han formado en nuestra cultura y la conocen. Gracias a Dios, durante los últimos veinte años ha surgido dentro de nuestra comunidad latina todo un cuerpo de eruditos, estudiosos de la Biblia, que no tiene nada que envidiarle a ninguna otra cultura o tradición. Tales son las personas a quienes hemos invitado a escribir para esta serie. Son personas con amplia experiencia pastoral y docente, que escriben para que se les entienda, y no para ofuscar. Son personas que a través de los años han ido descubriendo las dificultades en que algunos creyentes y estudiantes tropiezan al estudiar la Biblia —particularmente los creyentes y estudiantes latinos. Son personas que se han dedicado a buscar modos de superar esas dificultades y de facilitar el aprendizaje. Son personas que escriben, no para mostrar cuánto saben, sino para iluminar el texto sagrado y ayudarnos a todos a seguirlo.

Por tanto, este servidor, así como todos los colegas que colaboran en esta serie, le invitamos a que, junto a nosotros y desde la perspectiva latina que tenemos en común, se acerque usted a estos libros en oración, sabiendo que la oración de fe siempre recibirá respuesta.

Justo L. González
Editor General
Julio de 2005

Contenido

Introducción

«Jehová, el Dios de los cielos, me ha dado todos los reinos de la tierra y me ha mandado que le edifique una casa en Jerusalén, que está en Judá».
—Esdras 1.2

Globalización –este término moderno, incorporado en todas las lenguas del mundo– significa la transformación de una cultura local por medio de su contacto con una más «global». Es el proceso por el cual los pueblos de la tierra se unen para constituir una cultura «generalizada». Esto incluye tanto la generalización del uso de un lenguaje como la extensión de una red de comercio por el mundo entero.

Aunque hoy en día asociamos este proceso con la tecnología, es un impulso que ya se puede notar en la teología y la política de la época bíblica del exilio (destierro) y posexilio en el Antiguo Testamento. Mientras los grandes imperios de Mesopotamia y Egipto surgían y caían, el pueblo de Israel luchaba por su integridad como nación llamada a adorar y servir a Jehová, el único Dios. Este pequeño pueblo sufrió invasión tras invasión, la destrucción total de su templo, y el regreso a su tierra para comenzar de nuevo. Durante este proceso, luchó por mantener su identidad, pero a la vez incluir los nuevos conceptos, lenguas y personas que Egipto, Babilonia, Asiria, Persia, Grecia, Roma y otros pueblos ponían en su paso.

La declaración de Ciro, rey de Persia, que leímos en el epígrafe es parte de este esfuerzo de «globalización» en el mundo antiguo: «Jehová el Dios de los cielos, me ha dado todos los reinos de la tierra...» (Esdras 1.1). Esta declaración política y teológica, adaptada por los escritores de la Biblia, es parte de una estrategia de Ciro para gobernar a los diversos pueblos conquistados por Babilonia. En realidad, Ciro promulgó la misma orden para muchos pueblos que habían sido conquistados por los imperios de Asiria y Babilonia. En vez de obligarlos a adorar a los dioses de Persia, cada pueblo regresaba a su lugar, a adorar a su dios. Cada pueblo tenía la obligación de mantener su culto para asegurar el bienestar del rey: «Todo lo que es mandado por el Dios del cielo, sea hecho puntualmente para la casa del Dios del cielo, pues, ¿por qué habría de caer en ira contra el reino del rey y de sus hijos?» (Esd 7.23). La política de Ciro tuvo éxito porque no impuso una identidad persa en las naciones conquistadas, sino que se autoproclamó el protector y guardián de las culturas bajo su control. El éxito de Ciro se nota en el título –*el ungido de Dios*– que le dieron los judíos.

La declaración de Ciro es una bendición y también el cumplimiento de una profecía. Dice el libro de Esdras: «En el primer año de Ciro, rey de Persia, para que se cumpliera la palabra de Jehová anunciada por boca de Jeremías...» (Esdras 1.1). Sin embargo, esta nueva situación trae consigo desafíos para la reconstrucción del culto y la comunidad. Los líderes de la comunidad se ven obligados a determinar quién es considerado un verdadero miembro de ella. La respuesta a esta pregunta determina quién puede participar en el culto y quién no. Por esta razón, las genealogías tienen un lugar muy importante en las historias de Esdras, Nehemías y Rut. Pero un problema muy agudo es cómo incorporar en el pueblo de Israel a las mujeres extranjeras y a sus hijos, mismos que los israelitas habían adquirido durante el destierro.

En este comentario vamos a explorar cuatro libros del Antiguo Testamento que describen los desafíos –físicos, psicológicos, políticos y teológicos etc.– que tuvieron que sobrellevar los miembros de la comunidad que regresaron a Judá. Dos libros –Esdras y Nehemías– narran la historia del pueblo de Israel en el momento en que Ciro declara el regreso a Jerusalén para reconstruir el templo. El libro de Rut narra la historia de los antepasados del rey David, demostrando la presencia de mujeres extranjeras «justas» que se habían incorporado a la línea del monarca que recibió de Jehová la promesa de una casa eterna. También veremos el libro de Ester, en el cual una mujer salva a su pueblo de la persecución durante el destierro en Persia. Cada uno de estos libros nos ayuda a montar una imagen de la vida de un pueblo transformado por el destierro y el regreso a su propio país.

El impacto de otras culturas en el pueblo de Israel

Una generación entera del pueblo de Israel vivió exiliada en Babilonia (aproximadamente en el territorio que ahora llamamos Iraq e Irán). Junto con esta generación también estaba la que había vivido la catastrófica conquista de los reinos de Israel y Judá. Así, vemos que la memoria del pueblo de Israel estaba dividida entre los que recordaban cómo habían sido el reino y su templo antes de la conquista, y la nueva generación, que había sido educada en el imperio de Babilonia, y luego en el persa. Esta diferencia de perspectivas se nota en el momento en que algunos regresan a Jerusalén para reconstruir la ciudad y el templo:

> «Todo el pueblo aclamaba con gran júbilo y alababa a Jehová porque se echaban los cimientos de la casa de Jehová. Muchos de los sacerdotes, levitas y jefes de familia, ancianos que habían visto la primera casa, al ver como echaban los cimientos de esta

casa, lloraban en alta voz, mientras muchos otros daban grandes gritos de alegría. No se podía distinguir el clamor de los gritos de alegría de las voces del llanto...» (Esd 3.11-13).

Aunque la memoria del pueblo es ambivalente, el solo hecho de que un pequeño número de judíos haya sobrevivido y podido regresar a Jerusalén es un milagro; un milagro en el cual los gentiles (o sea los persas) tuvieron un papel importante.

Geografía política de Israel: 580-300

En esta sección vemos a recorrer el contexto histórico antes, durante y después de la época del exilio. Primero veremos una cronología del oriente antiguo para luego situar al reino de Israel en el contexto de los imperios que la rodeaban. Veremos los grandes imperios de Oriente en el orden en que fueron fundados, no en el orden que tuvieron impacto sobre en Israel.

El oriente antiguo

La política interna del pueblo de Israel sufrió el impacto de la situación política exterior. Este pequeño pueblo estaba sujeto a las presiones políticas de los grandes imperios a su alrededor. En los libros de Jueces y 1 Samuel, el pueblo de Israel es una confederación de tribus que se estableció en el área entre el río Jordán y el mar Rojo al oriente, hasta casi el mar Mediterráneo en el occidente. Por su situación en este corredor entre el imperio de Babilonia al nordeste y el de Egipto al suroeste, Israel sufrió la constante amenaza de ser conquistado por uno u otro imperio. También sufrió bajo las invasiones de pueblos nómadas, como los midianitas, amalekitas, y kedemitas (árabes). Mientras tanto, los filisteos, un pueblo de guerreros regido por un sistema y una tecnología militar superiores, amenazaban a las tribus de Israel por el costado occidental. Al este del Jordán los enemigos de Israel fueron los reinos de Moab, Edóm y Aram.

Israel finalmente le pidió al profeta Samuel un rey para organizar la defensa ante las constantes amenazas militares. El estado de Israel tuvo su apogeo durante el reino de David y Salomón, en una época en que los grandes imperios decaían. Al separarse el reino del Norte (Israel) del reino del Sur (Judá), el pueblo quedó aún más expuesto a los altibajos de la política exterior, porque a las amenazas externas se sumaban las guerras y riñas entre los monarcas del norte y del sur.

¿Cuáles fueron los grandes poderes que influyeron en la vida del pueblo de Israel? Babilonia, Asiria, Egipto y Persia fueron los grandes poderes que lucharon por controlar los pequeños reinos de Asia Menor, incluyendo a Israel. A continuación veremos un breve resumen de cada uno de estos grandes poderes y su impacto sobre Israel.

Egipto

El país o imperio que hoy llamamos Egipto ocupó el valle del río Nilo, los desiertos de Libia al oeste, y el desierto árabe al este, entre el Nilo y el mar Rojo. Sin embargo, en realidad el imperio egipcio estuvo concentrado principalmente en el valle del río Nilo. En el transcurso de su historia, Egipto conquistó o tuvo una influencia variable sobre los pueblos de Siria-Palestina. A partir de siglo 12 a. C. el control de Egipto sobre estas tierras disminuyó. En el siglo 10, el faraón Shishak (935-914) unificó el imperio de Egipto, invadió Israel y Judá y saqueó Jerusalén, donde reinaba Roboam.

En el siglo 7 a. C., Egipto sufrió ataques de parte de los asirios, incluyendo la campaña en la que Senaquerib también atacó a Jerusalén durante el reino de Ezequías. Egipto fue conquistado por Esarhadon y los faraones fueron elegidos e impuestos por los asirios. Finalmente, el faraón Necao II fue derrotado en la batalla de Carchemos (605 a. C.) por Nabucodonosor, cuando Necao apoyaba a los asirios en su lucha contra Babilonia. Después de esta batalla, la influencia de Egipto en la esfera internacional quedó minimizada. El profeta Isaías dice lo siguiente sobre la debilidad de

Egipto como aliado: «He aquí que confías en este bastón de caña astillada, en Egipto, en el cual si alguien se apoya, se le clavará en la mano y se la atravesará. Tal es el faraón, el rey de Egipto, para con todos los que en el confían» (Is 36. 6).

Babilonia

La ciudad de Babilonia estaba en la orilla del río Éufrates, cerca de la presente ciudad de Bagdad, donde los ríos Tigris y Éufrates se aproximan. El dios de la ciudad se llamaba Marduk, del cual el rey recibía su poder cada año, al «tomar la mano» de la estatua del dios. Tan importante era la estatua para el poder del rey que numerosos reyes lucharon una y otra vez por regresarla a su lugar después de que la ciudad fue conquistada por un pueblo enemigo.

Babilonia alcanzó su primer apogeo durante el siglo 18 a. C. El rey Hamurabi consolidó su poder sobre las ciudades de Asiria y Sumer hasta el mar Mediterráneo, hacia el oeste. Este rey creó una fuerte burocracia interna que consolidó su poder y le dio paz y seguridad al reino. A partir del siglo 16 a. C., Babilonia decayó como centro político, pero mantuvo su estatus como un centro de cultura. La ciudad fue conquistada por Asiria y formó parte de una monarquía doble entre los años 745 y 626 a. C. En 626 Nabopolasar tomó el trono y se rebeló contra los asirios con la ayuda de un pueblo llamado los «medos». La nueva Babilonia (con sus aliados medos) atacó la ciudad asiria de Nínive (612 a. C.). Este evento fue celebrado por el profeta Nahúm, quien había vivido las destrucción del reino del norte bajo las fuerza asirias:

> «Las puertas de los ríos se abren
> y el palacio es destruido.
> Llevan cautiva a la reina…
> Nínive es como un estanque
> cuyas aguas se escapan.
> Gritan: ¡Deteneos, deteneos!
> Pero ninguno mira…

Vacía, agotada y desolada está.

Su corazón desfallece,

le tiemblan las rodillas,

tiene dolor en las entrañas;

los rostros están demudados...» (Nah 2. 6-10).

Después de esta conquista, el nuevo ejército de Babilonia derrotó al faraón Necao II en Carchemos (605). Nabucodonosor siguió adelante, invadiendo la región de Siria-Palestina, y Jerusalén se rindió ante él en el 587 a. C.

Asiria

El imperio asirio se originó en la ciudad de Asur, uno de los grandes centros urbanos de Mesopotamia. Esta ciudad fue regida por una sucesión de reyes que la invadieron por su posición expuesta –pues no tenía fronteras naturales– a partir del siglo 21 a. C. La ciudad tenía una fuerte red comercial que se extendía hacia Asia Menor, en el oeste. El rey Hamurabi de Babilonia la conquistó en el siglo 18 a. C., convirtiéndola en una provincia de su imperio. Durante este período de la dominación de Babilonia, Asiria asimiló la lengua y cultura de Babilonia, y los dos reinos tuvieron más o menos la misma relación que Grecia tuvo con Roma. Sin embargo, el ciclo de poder cambió de dirección, y entre 1490 y 1207 Asiria controló a Babilonia, destruyendo la ciudad y llevando la estatua de Marduk a Asiria. Durante el periodo que abarcaron los siglos 14 a 12, Mesopotamia, Asia Menor y Grecia sufrieron una serie de dos invasiones de pueblos nómadas del norte.

En el siglo 12, surgió de nuevo el poder militar de Asiria. Primero, una serie de reyes asirios lograron restablecer y controlar las ciudades sobre el Éufrates y el Tigris, organizando sus territorios en provincias. Luego comenzaron los ataques hacia el suroeste, en Siria-Palestina. Las invasiones que influyeron sobre los reinos del norte (Israel) y el sur (Judá), son las siguientes:

Rey de Asiria	Impacto en Israel
Salmaneser III	Ahab y Jehu (reino del norte) pagaron tributo (842)
Tiglat Peliser III	Conquistó las ciudades de Siria. La mitad de las ciudades de Israel fueron incorporadas a una provincia asiria (734)
Salmaneser V	Destruyó Samaria y los restos del reino de Israel (722-21)
Senaquerib	Suprimió la rebelión de Judá y convirtió al rey Exequias en vasallo. Transfirió la capital de Asiria a Nínive.
Esarhaddon	Comenzó la invasión a Egipto.
Asurbanipal	Continuó las campañas en Egipto y restableció el poder de Asiria.

Mientras Asiria extendía su imperio hacia el suroeste, surgió Babilonia encabezada por Nabopolasar (aliado con los medos), quien atacó las ciudades asirias de Mesopotamia. Aunque Asiria recibió la ayuda de su aliado, el faraón Necao, fue vencida por Babilonia en la batalla de Carshemo (605). Como vimos anteriormente, Nínive, la capital asiria, y otras ciudades del imperio fueron totalmente destruidas. Asiria nunca más existió como entidad política.

Persia

Los persas emigraron de Asia central en el segundo milenio a. C., y llegaron al área que hoy llamamos Irán. Luego habitaron la zona al este del golfo persa, fundando su capital en Parsagarda. Sin embargo, el fundador del imperio persa es el rey Ciro el Grande, quien conquistó Asia menor y finalmente atacó y conquistó el moribundo imperio de Babilonia y tomó todos sus territorios en el 539 a. C. Comparado con los imperios asirios y babilonios, el gobierno de Ciro fue más compasivo, permitiéndoles a los pueblos conquistados retener su religión y costumbres.

Los reyes persas establecieron y apoyaron la comunidad posexílica en Jerusalén. Ciro decretó la reconstrucción del templo dedicado a Jehová y la restauración de su culto. Darío I reafirmó esa decisión. La reconstrucción del templo fue impedida varias veces por los enemigos de los judíos repatriados, pero después de apelar directamente al rey los trabajos de construcción se reanudaron. Asuero aparece en el libro de Ester, afirmando la posición de los judíos en el imperio persa. Como nos muestra esta historia, la condición de los judíos no era siempre estable, pues según los libros bíblicos tuvieron enemigos que trataron de eliminar la influencia de este pueblo en los asuntos del imperio. Gracias a la intercesión de la reina Ester, Asuero promulgó un decreto de autodefensa para los judíos:

«...el rey daba facultad a los judíos que estaban en todas las ciudades para que se reunieran a defender sus vidas, prontos a destruir, matar y aniquilar a toda fuerza armada de pueblo o provincia que viniera contra ellos, sus niños y mujeres, y a apoderarse de sus bienes...» (Est 8.11-2).

Artajerjes I (465-25) nombró a Nehemías gobernador de Jerusalén, y Artajerjes II (404-359) autorizó la misión de Esdras en Jerusalén. El imperio persa duró 200 años, y terminó con la conquista de Alejandro Magno en 333 a. C. A continuación vemos una cronología que incluye la época que estudiaremos en este comentario.

Cronología del Oriente Antiguo

Etapas Bíblicas	Oriente Antiguo
Época de los Jueces 1200-1050 a. C.	Egipto declina Mesopotamia declina (incluye Babilonia, Asiria y el imperio de los heteos)
Reino unido 1020-922 a. C.	Asiria domina a Babilonia (900-700)
Separación de Israel y Judá 922-722 a. C.	Asiria domina a Israel (841) Asiria conquista a Israel (722/21) Resurgimiento de Babilonia – Conquista la ciudad Asiria de Nínive (612)
Exilio 722-538 a. C.	Egipto vencido por Babilonia – batalla de Carchemos (605) Babilonia destruye Jerusalén, incluyendo el primer templo (587)
Posexilio (Época persa) 538-331 a. de C	Los persas conquistan Babilonia (539) Decreto de Ciro - los desterrados regresan a Jerusalén para la reconstrucción del segundo templo (538) Los persas conquistan Egipto, Asia Menor y casi alcanzan Grecia
(Época helenista) 333-63 a. C.	Alejandro Magno (Grecia) conquista el imperio Persa (333) Después de la muerte de Alejandro, Israel es gobernado por los Seleucos Israel es gobernado por los Tolomeos (circa 300-200) Revolución de los Macabeos Israel es gobernado por la familia Hasmonea

(Época romana)	Roma controla Israel por medio de
63-4 a. C.	la familia de Herodes
Nuevo Testamento	Vida y obra de Jesús de Nazaret
4? – 30 d. C.	Destrucción de Jerusalén y del
70 d. C.	segundo templo

La provincia de Yehud (Judá) en el período Persa

Yehud es el nombre Arameo con el cual se designaba el antiguo territorio de Judea (Reino del Sur). Al ser conquistado por los babilonios, este país perdió su autonomía política. Muchos biblistas proponen que el reino de Judea fue incorporado a la provincia de Samaria por los babilonios, pero poco a poco recobró su autonomía hasta convertirse en Ahuate, una provincia o sector oficial del imperio persa durante y después del gobierno de Nehemías. El sumo sacerdote y el gobernador compartieron el gobierno hasta principios del siglo 4 a. C.

Reconstrucción de las instituciones sociales en Israel

En el 538 a. C., Ciro, el emperador de Persia, tomó la iniciativa que cambió la historia de la religión israelita –y con ello, la del judaísmo y la del cristianismo. Este emperador persa decretó que cada pueblo regresara a su lugar de origen para rendirle culto a su dios particular. Ciro no le rendía un culto especial a Jehová; su motivación era ganar la fidelidad de los pueblos que el imperio de Babilonia había conquistado con mucha brutalidad. La declaración de Ciro inició el regreso, por etapas, de los habitantes de Jerusalén con el fin de reconstruir el templo y restaurar el culto a Jehová. Pero para lograr estos objetivos, se tuvieron que reconstruir algunas de las antiguas instituciones sociales. Las funciones de otras, como las de la monarquía, fueron incorporadas a nuevas formas de gobierno.

Los textos que estudiamos en este comentario fueron escritos en el periodo del exilio o el posexilio, y reflejan las preocupaciones de una comunidad que regresa para reconstruir el Templo y con él toda una nación.

¿Cómo sobrevivieron las antiguas instituciones sociales en Israel?

Las tres grandes instituciones sociales que formaron y sostuvieron la identidad de Israel antes del destierro fueron la monarquía, el sacerdocio y el profetismo. Durante el destierro los judíos perdieron estas tres instituciones y tuvieron que encontrar otras maneras de conservar su identidad nacional y religiosa. Fue en esa época que los escribas comenzaron a conservar y redactar las antiguas tradiciones desde el punto de vista de su experiencia en el destierro. La influencia de otro grupo, los sacerdotes, también creció durante esta época, hasta que su punto de vista dominó la vida política y económica.

Monarquía

El final de 2 Reyes y 2 Crónicas describen la destrucción y a la vez preservación de esta institución. La monarquía fue destruida porque la familia real fue asesinada, pero no totalmente aniquilada. «Degollaron a los hijos de Sedequías en presencia suya y a él le sacaron los ojos, lo ataron en cadenas y lo llevaron a Babilonia». (1 R 25) El libro de los Reyes nos dice que Joaquín (el predecesor de Sedequías) fue llevado a Babilonia como cautivo, pero luego tratado con respeto:

> «Aconteció que en el año treinta y siete del cautiverio de Joaquín, rey de Judá... Evil-merodac, rey de Babilonia en el primer año de su reinado, liberó a Joaquín, rey de Judá, sacándolo de la cárcel. Le habló con benevolencia y puso su trono más alto que los tronos de los reyes que estaban con él en Babilonia...» (2 R 25. 27-8).

Los descendientes de David sobrevivieron a la destrucción de Judá. El libro de Esdras describe al primer gobernador de Jerusalén como descendiente de la casa real. Ciro le entregó a Sesbasar los utensilios del templo: «...los contó y se los entregó a Sesbasar, príncipe de Judá».

La monarquía de Judá como tal nunca fue restaurada. Sin embargo, algunos de los gobernadores nombrados por el imperio persa fueron descendientes de la línea davídica.

Profetismo

¿Terminó el profetismo al finalizar la monarquía en Israel? Dos profetas, Jeremías desde Judá y Egipto, y Ezequiel desde Babilonia, proclamaron su mensaje antes de la destrucción de Jerusalén y durante los primeros años del destierro. Pero el impacto del profetismo también se siente en la época posexílica. El libro de Esdras habla de las palabras de dos profetas, Hageo y Zacarías, que impulsaron la reconstrucción del templo, especialmente en momentos en los que la oposición y el desánimo acecharon a los líderes de la comunidad.

Otros profetas que hablan de esta época son:

Joel: Este libro probablemente fue escrito después de la época de Jeremías. Es un poema formado por una lamentación y una visión apocalíptica del día en que Jehová regresará para juzgar a Israel. Joel es un llamado a una profunda conversión del pueblo de Dios.

Malaquías: Este libro probablemente fue escrito entre la reconstrucción del templo (terminado en 516) y las reformas de Esdras y Nehemías (432 a. C.). Malaquías, cuyo nombre significa «mensajero», atribuye los problemas de la comunidad a la falta de cuidado con la celebración del culto. Culpa sobre todo a los sacerdotes.

Jonás: El libro del profeta Jonás probablemente fue escrito después del exilio, puesto que incluye influencias del arameo, el idioma del imperio babilonio. Es el único texto profético escrito completamente en prosa y narra la historia de la oposición entre Jonás y Jehová sobre la compasión que Dios les muestra a los asirios.

El libro de Isaías refleja la compleja situación del pueblo de Israel antes (capítulos 1-39), durante (40-55) y después del exilio (56-66). Casi todos los libros proféticos –aun los que fueron escritos antes del destierro– conservan trazos de material redactado durante el período posexílico.

La tradición judía (rabínica o de los rabinos) considera la transición de la época persa a la helenista el momento en que la profecía cesó. En el Nuevo Testamento la función del profeta continúa con Juan el Bautista, y también está presente como un «don del Espíritu» en las cartas de Pablo.

El sacerdocio

El sacerdocio es la institución social que más énfasis recibe en los libros que describen la reconstrucción del segundo templo y del pueblo de Israel. En los libros que estudiamos aquí, el sacerdocio traza sus orígenes hasta Aarón, el hermano de Moisés. Esta institución estaba ligada a un concepto de santidad que en nuestra época es algo extraño.

¿Cómo se define la santidad en esta época? Lo santo es todo objeto o persona, toda cosa creada, que ha sido sustraída del uso profano y dedicado al culto de Dios. La santidad es una cualidad absoluta de Dios que el objeto o la persona adquiere cuando se aparta de lo profano. En estrecha relación con este concepto de la santidad está el de la pureza e impureza:

> «Esta pureza no se identifica ni con la pureza física, ni con la moral o castidad… es impuro lo que está cargado de fuerzas peligrosas o puede desencadenarlas, y debe, por tanto, ser evitado… Tal se considera diversos hombres, objetos, animales o acciones… por ejemplo una mujer en sus menstruaciones o después de haber dado a luz… En el pensamiento religioso, la impureza se pone en relación con la divinidad y se concibe como un obstáculo al trato del hombre con la misma»[1].

Así pues, el sacerdocio estaba organizado y dividido en niveles que correspondían con los niveles de «santidad» atribuidos a ciertas áreas del templo y a las actividades que en ellas se llevaban a cabo. Aquí vemos una clasificación simplificada de los niveles de santidad, comenzando con el nivel de más santidad y descendiendo hacia menores niveles:

Niveles de santidad en el culto de la comunidad del posexilio

Persona	Área	Actividad
Sacerdotes	El santísimo o el área más santa del templo; incluía el altar donde se ofrecían sacrificios, especialmente los de animales.	Mediadores entre Dios y el pueblo. Toda actividad que requería contacto con el altar y las ofrendas. Expertos en la separación de lo que era puro e impuro, santo y profano. También interpretaban la ley.
Levitas	Del portal del templo hacia adentro, excluyendo áreas donde se ofrecía sacrificio.	Clase inferior de sacerdotes, con menos nivel de santidad. Responsables de las liturgias de alabanza y acción de gracias que se llevaban a cabo dos veces al día. Se encargaban de objetos de menor santidad. Cocían el pan santo. Administraban el templo y ayudaron en la construcción del mismo. Escribas e intérpretes de las escrituras. Hacia el final de la época del posexilio los levitas también eran los cantores del templo.

Pueblo	Pueblo santo, admitido al patio exterior del templo	Traían sacrificios, ofrendas y venían a escuchar las liturgias y celebraciones organizadas por los sacerdotes.
Gentiles	Fuera del recinto del templo	

Como muestra esta tabla, los gentiles o pueblos extranjeros eran considerados impuros, y por lo tanto eran excluidos del culto del templo. En el libro de Esdras esta impureza toca a una persona cuando su línea familiar incluye a una extranjera. Por esta razón varios levitas son excluidos del culto, ya que no pueden probar su descendencia (Esd 2.59-63).

Durante la época del posexilio el sacerdocio adquirió más importancia, asumiendo muchas de las funciones de la monarquía.

¿Por qué leer Rut, Esdras, Nehemías y Ester hoy en día?

Cuando escuchamos la palabra *globalización*, a menudo pensamos en el mundo anglosajón, con su énfasis en la tecnología, la libertad del individuo y los beneficios de la competencia. También pensamos en la cultura «pop» o popular, exportada por los medios de comunicación a todo el mundo. Pero la emigración de los pueblos hispanos en nuestros días es una de las poderosas fuerzas de la globalización del continente americano, que ha pasado casi desapercibida –hasta hoy. Le emigración del Sur hacia el Norte está cambiando la distribución demográfica de América: los latinos constituyen el 50% de todos los inmigrantes que llegan a los Estados Unidos. En los próximos cuarenta años van a contribuir en un 80% al crecimiento de la población en los Estados Unidos. Este movimiento se nota sobre todo en las iglesias, puesto que el pueblo hispano constituye un número creciente de los que practican el cristianismo en las iglesias del Norte, cuyos miembros han abandonado la práctica comunitaria de su religión. A esto se suma un creciente número de personas bilingües –en español e inglés– cuya manera de pensar y actuar es muy diferente a la de quien habla solamente inglés o español.

Este movimiento de personas suscita inquietudes similares a los de los israelitas durante la época exílica y posexílica, mismas que se reflejan en los libros de Rut, Esdras, Nehemías y Ester. ¿Cómo podemos mantener nuestra identidad hispana? ¿Cómo podemos preservar las prácticas o la manera en que hablamos de nuestra fe para no perderlas en la adaptación a la cultura que nos rodea? ¿Qué aportes puede hacer la cultura hispana a la norteamericana?

Cuando hablamos de hispanos o latinos nos referimos a un pueblo que ha experimentado cinco siglos de mestizaje –una fusión de culturas indígenas, europeas y africanas que continúa aún hoy en día. La fusión se vive no solamente en el cuerpo, sino también en el pensar, el sentir y el actuar. Pero más que nada se vive en una relación con Dios que cambia todo el tiempo. Como los judíos en Babilonia, que se encontraban cara a cara con otros pueblos conquistados, cada encuentro es un desafío –cómo guardar su propia identidad y al mismo tiempo acoger lo bueno que existe en otras culturas. Algunos libros, como Esdras y Nehemías, rechazan la asimilación creando una barrera física y racial –la presencia de mujeres extranjeras en el pueblo de Israel está prohibida. Otros libros, como Rut y el profeta Jonás, admiten la posibilidad de que un extranjero o extranjera pueda servir y adorar justamente a Jehová.

Cada encuentro con otra cultura también desafiaba a los judíos a repensar su teología. Por ejemplo, el decreto de Ciro provoco la siguiente pregunta: ¿Cómo puede un pagano que no conoce a Jehová decretar la reconstrucción del templo en Jerusalén? La respuesta que encontraron los judíos fue que aun un rey pagano puede ser usado como instrumento de Dios. De una manera similar, la cultura «pagana» de Norteamérica muchas veces se muestra más abierta a acoger al inmigrante, mientras que la cultura cristiana lucha por cerrar las fronteras.

¿Cómo se manifiesta la mano de Dios en la situación del latino, hoy en día? Esta es la inquietud que vamos a explorar en este comentario usando los textos bíblicos de Rut, Esdras, Nehemías y Ester como punto de partida.

Capítulo 1

Rut

«¿Por qué he hallado gracia a tus ojos para que me favorezcas siendo yo extranjera?».
—Rut 2.10

Introducción

«¿Por qué he hallado gracia a tus ojos para que me favorezcas siendo yo extranjera?». Esta pregunta de Rut, la protagonista del libro bíblico que lleva su nombre, realza una serie de problemas relacionados con el papel de una persona extranjera en la sociedad de Israel. Existe la tradición de acoger al extranjero cuando está necesitado; pero dejarlo incorporarse de lleno a la sociedad israelita es otra cosa. Esta ambivalencia se nota especialmente hacia las mujeres. En la Biblia hay dos actitudes generales hacia las mujeres extranjeras. Una considera a las mujeres una amenaza porque corrompen el culto a Jehová, contribuyendo de esta manera a la desgracia del destierro. Vemos este punto de vista en el comentario del narrador en el libro de los Reyes, que atribuye el comienzo de la corrupción del culto al reino de Salomón:

«Pero el rey Salomón amó, además de la hija del faraón, a muchas mujeres extranjeras, de Moab, de Amón, de Edom, de Sidón y heteas; gentes de las cuales Jehová había dicho a los hijos de Israel: <No os uniréis a ellas, ni ellas se unirán a vosotros, porque ciertamente harán que vuestros corazones se inclinen tras sus dioses>. A estas pues, se juntó Salomón por amor… Entonces edificó Salomón un lugar alto a Quemos, ídolo abominable de Moab, en el monte que está enfrente de Jerusalén, y a Moloc, ídolo abominable de los hijos de Amón. Lo mismo hizo para todas sus mujeres extranjeras, las cuales quemaban incienso y ofrecían sacrificios a sus dioses» (1R 11.1-2, 7-9).

Sin embargo, también existe la tradición de la mujer extranjera «justa», que acepta el culto a Jehová y se incorpora al pueblo por medio de un acto de valor extraordinario. Así vemos a la prostituta Rahab en el libro de Josué, quien arriesga su vida y la de su familia para apoyar la conquista de Jericó. Esta mujer demuestra una gran fe en el Dios de Israel:

> «Sé que Jehová os ha dado esta tierra, porque el temor de vosotros ha caído sobre nosotros, y todos los habitantes del país ya han temblado por vuestra causa. Porque hemos oído que Jehová hizo secar las aguas del Mar Rojo delante de vosotros cuando salisteis de Egipto, y también lo que habéis hecho con los dos reyes de los amorreos que estaban al otro lado del Jordán, con Sehon y Og, a los cuales habéis destruido. Al oír esto ha desfallecido nuestro corazón, y no ha quedado hombre alguno con ánimo para resistiros, porque Jehová, vuestro Dios, es Dios arriba en los cielos y abajo en la tierra…» (Jos 2.9-11).

El libro de Josué habla de Rahab como alguien que al fin se incorporó de lleno al pueblo de Israel: «Josué salvó la vida a Rahab, la ramera, a la casa de su padre y a todo lo que ella tenía, y ella habitó entre los israelitas hasta hoy…» (Jos 6.25). Ella figura en la genealogía de Jesús en el evangelio de San Mateo, como la esposa de Salmón, el ancestro del rey David, de quien desciende Jesús.

Como veremos más adelante, el libro de Rut pertenece a esta tradición de la «mujer extranjera justa» que acepta el culto a Jehová;

pero en el caso de Rut, esta mujer contribuye aún más al pueblo de Israel, pues se convierte en la abuela del futuro rey David, quien recibiría la promesa de una descendencia perpetua. De esta manera la mujer extranjera participa en el futuro del pueblo de Israel.

Contexto bíblico

La versión Reina-Valera de la Biblia coloca al libro de Rut entre el libro de los Jueces y el primer libro de Samuel, conservando de esta manera la secuencia cronológica de la historia narrada en el libro. Rut comienza con la frase «aconteció en los días que gobernaban los jueces…» (1.1), o sea que los acontecimientos narrados ocurren aproximadamente entre el periodo de Josué –la conquista de la tierra prometida– y el comienzo de la monarquía en Israel (ss. XIII-XI a. C.). Una antigua tradición judía, adoptada más tarde por algunos cristianos, atribuye el libro de Rut al profeta Samuel, personaje que aparece en el libro que le sigue. El libro concluye con una genealogía que traza la línea de Booz, esposo de Rut, hasta terminar con el rey David (ss. XI-X). Así vemos que los redactores de esta historia conocían eventos posteriores a los tiempos de los jueces.

A pesar de que la historia de Rut parece reflejar el momento histórico de los Jueces, también realza temas propios relacionados con el momento de la restauración de la nación después del destierro, o sea el período posexílico. Uno de estos temas es cómo determinar quién es un verdadero israelita y quién no lo es, puesto que el destierro había borrado los orígenes genealógicos de muchas personas. Como veremos más adelante, los libros de Esdras y Nehemías excluyen del culto a todo hijo nacido de una madre extranjera e incluso imponen el divorcio entre los hombres israelitas y sus esposas extranjeras. Esdras relaciona el tomar esposas extranjeras con el pecado:

> «Pero ahora, ¿qué diremos, oh Dios nuestro después de esto?
> Porque nosotros hemos abandonado tus mandamientos que

nos habías dado por medio de tus siervos, los profetas, diciendo: <La tierra en cuya posesión vais a entrar, es tierra corrompida a causa de la inmundicia de los pueblos de aquellas regiones, por las abominaciones con que han llenado de uno a otro extremo con su impureza. Ahora, pues, no deis vuestras hijas a sus hijos, ni toméis sus hijas para vuestros hijos...>» (Esd. 9.10-12).

¿Qué hacer entonces con el libro de Rut? Varios investigadores proponen que el libro de Rut expone una visión opuesta a la de Esdras y Nehemías, demostrando que mujeres extranjeras habían formado parte de la línea real desde tiempos muy antiguos, y que éstas habían contribuido de una manera positiva a la fundación de la monarquía. En otras palabras, una mujer extranjera como Rut podía convertirse en una fiel seguidora de Jehová.

La historia de los manuscritos antiguos del libro de Rut también realza esta controversia. La Septuaginta, o sea la versión griega de Rut, coloca el libro (como lo hace la versión Reina-Valera), entre Jueces y el primer libro de Samuel, conservando así la cronología bíblica. Por otra parte, el texto masorético, o sea la versión hebrea de Rut, coloca este libro entre la literatura sapiencial, o sea entre los libros de sabiduría. Este tipo de literatura tuvo su apogeo entre la época postexílica y la era del Nuevo Testamento. Por lo tanto, puede ser un indicio de que el libro de Rut fue escrito por el grupo de redactores que escribió Isaías –capítulos 40 al 55– y el libro de Jonás. Tanto Isaías como Jonás proponen que los gentiles fieles sean aceptados por Jehová, y por lo tanto deben ser aceptados en la comunidad judía.

Personajes

La historia narrada en el libro de Rut enfoca la tragedia y la salvación de una familia que emigra para salvarse de las penas del hambre y de la muerte. En el comienzo, el narrador menciona a la familia de Elimelec, un hombre de Belén, pero los hombres pasan rápidamente al trasfondo de la historia, mientras las decisiones y acciones de las mujeres sobresalen. Este libro bíblico tomó a las mujeres –personas que generalmente vivían en el trasfondo de la sociedad para que los lectores posexílicos cuestionaran la política de excluir a los extranjeros de la nueva sociedad que se fundaba en los escombros de la destrucción nacional. Por esta razón, vamos a examinar detalladamente a cada personaje femenino para ver qué función tienen en la trama. Después examinaremos brevemente el papel de los hombres en el libro de Rut.

Las mujeres y la familia de Noemí

Al principio el texto bíblico presenta a tres mujeres marcadas por una doble tragedia: eran viudas y no tenían hijos. Al ser viuda la mujer se encontraba en una situación muy precaria. El no tener hijos era considerado un castigo de Dios (1 S 1.6-18).

Según la ley, las tres mujeres tenían la obligación de buscar y casarse con el pariente más cercano de su marido difunto, y este pariente tomaba el papel de *goel* o redentor. A esto se llama matrimonio por levirato y perpetuaba el nombre del difunto:

«Si dos hermanos viven juntos y uno de ellos muere sin tener hijos, la mujer del muerto no se casará fuera de la familia, con un hombre extraño: su cuñado se llegará a ella, y restableciendo con ella el parentesco, la tomará como mujer. El primogénito que ella dé a luz llevará el nombre de su hermano muerto, para que el nombre no sea borrado en Israel» (Dt 25.5-6).

El matrimonio de la mujer con el pariente era un gesto de misericordia hacia el difunto, pero también implicaba una pérdida de propiedad para el pariente, puesto que el primogénito de su hermano precedía a sus propios hijos. En el libro de Génesis, Judá trata de escapar de su obligación de entregarle uno de sus hijos como marido a Tamar (por temor a que su hijo muriese), pero ella lo engaña, y se encuentra encinta de Judá, su suegro. Al darse cuenta Judá, su reacción es: «Más justa es ella que yo, por cuanto no la he dado a mi hijo Sela» (Gn 38.26).

Así pues vemos tres viudas en el libro de Rut. Dos de ellas –Rut y Orfa– todavía tienen la capacidad física de producir «herederos» para sus maridos difuntos. En cambio Noemí, la suegra, ha llegado a la etapa en que es estéril. Ella dice: «¿Acaso tengo yo más hijos en mi vientre que puedan ser vuestros maridos?» (1.11). Cumplir la ley del matrimonio por levirato significa para las dos mujeres dejar su país para encontrar un pariente de sus maridos en Israel.

Noemí

Noemí, cuyo nombre significa *dulzura*, es una mujer que vive la hambruna, el destierro y la desgracia de la muerte de su esposo e hijos. El narrador nos dice que ella quedó «desamparada, sin sus dos hijos y su marido» (1.5). Ser inmigrante y viuda significaba una doble desgracia, puesto que ambos grupos de personas se situaban en la periferia de las sociedades del oriente antiguo. Según la Tora –las leyes que se encuentran en los primeros cinco libros del Antiguo Testamento–, la situación de la viuda es digna de compasión a tal extremo que la manera en que un pueblo trata a la viuda es una medida de su fidelidad a Dios. ¿Por qué? Porque Dios mismo muestra su compasión hacia ellas: «Porque Jehová, vuestro Dios, es Dios de dioses, Señor de señores, Dios grande y temible, que no hace acepción de personas, ni recibe sobornos, que hace justicia al huérfano y a la viuda, que ama también al extranjero y le da pan y vestido» (Dt 10, 17-8).

El libro de Rut nos da una imagen fuerte de la desgracia de una viuda que se encuentra fuera de los confines de Israel. Noemí misma cambia su nombre, llamándose Mara, que significa *amargura*. Sin embargo, a pesar de las tragedias que experimenta, Noemí no es una mujer que se deja destruir por la desesperación. Como veremos en el comentario que sigue, sus ingeniosos consejos a Rut, su nuera, son el medio por el cual las dos mujeres sobreviven en la difícil situación de ser viudas que regresan a Belén y se encuentran con los familiares de Elimelec, después de muchos años de ausencia.

A pesar de su estado de viudez, Noemí no se encuentra totalmente desamparada. Ella hereda los terrenos de Elimelec, su esposo, después de la muerte de sus dos hijos. Pero su situación es terrible porque tiene que venderlos para sobrevivir, gastando de esta manera la heredad de esta familia. Por esta razón, Noemí busca por medio de su nuera Rut una manera de forzar a los familiares de su esposo, para que «rediman» sus terrenos, evitando de esta manera su dispersión en manos de extraños.

Rut

Al principio el libro de Rut enfoca a Noemí como personaje principal, pero después del inicio, la narración centra su atención sobre Rut, la nuera moabita de la hebrea Noemí. Algunos investigadores postulan que el nombre Rut se deriva de la palabra hebrea *reut* que significa amistad. El cambio de enfoque en la narración comienza con una decisión extraordinaria tomada por Rut: «dondequiera que vivas viviré. Tu pueblo será mi pueblo y tu Dios, mi Dios» (1,16).

Esta decisión es extraordinaria desde varios puntos de vista. En primer lugar, la tradición israelita condenaba a los moabitas, quienes se opusieron al control de los israelitas sobre su territorio. El libro del Deuteronomio contiene el siguiente mandato:

> «No entrará el amonita ni el moabita en la congregación de Jehová, ni siquiera en su décima generación; no entrarán nunca en la congregación de Jehová, por cuanto no se adelantaron a recibiros con pan y agua al camino cuando salisteis de Egipto... No procurarás su paz ni su bien mientras vivas, y esto para siempre» (Dt. 23.3-6).

Rut tomaba el riesgo de ser condenada como enemiga por el pueblo que ella adoptaba. En segundo lugar, caminar con Noemí hacia Belén significaba el destierro para Rut, puesto que perdía los vínculos familiares que tenía en Moab. Ya no regresaba a «la casa de su madre», sino que caminaba hacia la incierta recepción que le daría la familia de Noemí y Elimelec en Belén. Finalmente, al decidir que Jehová sería su Dios, Rut abandonaba la religión politeísta de sus antepasados, en la cual figuraba como dios principal Kemos, al cual se le ofrecían sacrificios humanos de vez en cuando. El cambio de identidad es profundo para esta joven moabita, y el texto bíblico parece indicar que su motivación fue su amistad y fidelidad hacia Noemí.

Orfa

Orfa es el nombre de la otra nuera de Noemí, y es la primera que parece en la descripción del narrador (1.4). Ella también trata de acompañar a Noemí después de la muerte de su esposo y su suegro, pero Noemí finalmente la convence para que regrese a la casa de su *madre* (1.8). Orfa, cuyo nombre puede significar «espalda», «besó a su suegra y se alejó» (1.14). Después de esta breve escena, Orfa desaparece de la historia. Orfa sirve de contraste con Rut. Aunque parece tener buenas intenciones, se deja convencer para tomar el camino mas cómodo: el de regresar a su propio pueblo. Con su regreso a Moab, Orfa no cumple con la obligación de casarse con un pariente cercano de su esposo y perpetuar así el nombre del muerto.

Las mujeres de Belén

Las mujeres del pueblo desempeñan el papel del «coro», que refleja las actitudes corrientes de la población hacia las dos viudas –Rut y Noemí. Ellas celebran el nacimiento del hijo de Rut con Booz dirigiéndose a Noemí:

> «Alabado sea Jehová, que hizo que no te faltara hoy pariente, cuyo nombre será celebrado en Israel; el cual será restaurador de tu alma, y te sostendrá en tu vejez, pues tu nuera, que te ama, lo ha dado a luz; y ella es de más valor para ti que siete hijos» (4.14-15).

Las mujeres reflejan el punto de vista de Noemí en la narración, después de que su suerte ha cambiado.

Los hombres de la familia de Elimelec
Elimelec

El nombre «Elimelec» significa «mi Dios es rey». Este antepasado del rey David aparece en el libro de Rut, sin ningún comentario sobre sus orígenes. Sabemos nada más que es descendiente de la tribu de Judá y que viene de Belén. Poco a poco nos damos cuenta de que ciertas ramas de su familia poseen terrenos y, por medio de ellos, riqueza. Sin embargo, nunca vemos una genealogía que lo ubique en la descendencia de su tribu. Es solamente cuando su nuera Rut se casa con Booz que nos damos cuenta de que Elimelec es un antepasado del rey David.

Mahlon y Quelion

Las referencias por nombre propio a estos dos hijos de Noemí son pasajeras. El nombre «Mahlon» posiblemente significa «enfermedad» y «Quelion», «consumirse». El narrador solamente dice que son los hijos de la pareja que emigró de Belén hacia Moab. Ellos tomaron esposas moabitas, y quizás por esta razón no tomaron la iniciativa de regresar a Belén para reclamar su heredad. Booz los menciona por nombre al adquirir a Rut y la heredad de su padre Elimelec: «Vosotros sois testigos hoy de que he adquirido de manos de Noemí todo lo que fue de Elimelec, y todo lo que fue de Quelion y de Mahlon. También tomo por mi mujer a Rut la moabita, mujer de Mahlon, para restaurar el nombre del difunto sobre su heredad...» (4.9). Aunque estos personajes aparecen brevemente en la historia, como veremos, su memoria se perpetúa en Israel.

Booz

Booz es un pariente cercano de la familia de Elimelec. Su posición de hombre rico le permite ayudar a lo joven moabita que aparece en sus campos durante el tiempo de la cosecha. Este personaje aparece en la trama como el que «favorece» a Rut y finalmente la redime, casándose con ella. Booz también figura en la genealogía del rey David que aparece al final de la historia. Según la genealogía en el evangelio de Mateo, Booz es hijo de la prostituta Rahab, quien ayuda a los espías israelitas al comienzo de la conquista de la tierra prometida (Mt 1.5; Jos 2.9-11).

El goel

En hebreo *goel* significa «el que rescata o libera», y esta es la función del pariente más cercano de Elimelec. Su obligación era rescatar la herencia de la familia, tomar a Rut como esposa y engendrar hijos para que perpetuaran el nombre de Elimelec.

El término *goel* también se aplica a Jehová en algunos textos de la Biblia. Jehová es *goel* porque siendo el padre por elección de Israel, rescata a su pueblo:

> «No temas, gusanito de Jacob;
> ¡Vosotros, los poquitos de Israel!
> Dice Jehová;
> El santo de Israel es tu Redentor» (Is 41.14).

Los segadores

Booz es un hombre muy rico, puesto que emplea segadores y criadas para cosechar la cebada y el trigo. Los segadores tienen un papel mínimo en la narración, salvo que son ellos quienes actúan según lo que dicta la ley hacia las viudas y los extranjeros cuando se les acerca Rut en los campos de Booz.

Los jueces o ancianos

Estos personajes sirven como testigos en el momento de la transacción por medio de la cual Booz adquiere (redime) los terrenos de Elimelec, y adquiere además a Rut y la responsabilidad de engendrar un hijo para perpetuar el nombre del difunto.

El mundo social del libro de Rut

Una narración representa un mundo social, y el libro de Rut representa implícitamente el mundo social de la época de los jueces, pero al mismo tiempo, la actitud de la comunidad que regresó del exilio cientos de años después para reconstruir la nación. Así veremos que la interpretación de una institución social, como por ejemplo el matrimonio, en la época de los jueces puede haber sido interpretada de una manera muy diferente por quienes más tarde editaron el libro de Rut. A continuación describimos brevemente algunas instituciones sociales, para que nuestros lectores puedan comprender las referencias a instituciones y costumbres sociales que se encuentran en el libro de Rut.

«Los días en que gobernaban los jueces»

Generalmente la primera frase de un libro en el Antiguo Testamento sirve para situarlo en la historia de Israel. Esto se lograba localizando los eventos narrados dentro del reino de uno o varios reyes. El libro de Rut también comienza con una referencia temporal, pero no precisa en la época de cuál juez tuvieron lugar los eventos. Sin embargo, la frase «los días en que gobernaban los jueces» nos da una idea de la situación social que imperaba durante los eventos narrados.

En esta época, las doce tribus de Israel habían finalizado la conquista de Canaán, y las tierras conquistadas habían sido distribuidas a cada tribu (salvo a los levitas). Las tribus ocupaban el territorio y lo gobernaban en una asociación política insegura, sin gobierno centralizado. Según el narrador del libro de los Jueces, «Jehová levantó jueces que los libraran de manos de los que los despojaban...» (Jue 2, 16), en un ciclo que se manifiesta cada vez que el pueblo de Israel cae en la idolatría. Los jueces eran un punto de referencia militar, judicial y religioso. Adjudicaban casos difíciles y también funcionaban como caudillos en época de guerra.

Moab e Israel en «Los días en que gobernaban los jueces»

¿Cuál es la relación entre Moab e Israel en el Antiguo Testamento? Según la historia de Abraham y Lot, en Génesis 19.30-7, Israel y Moab son un conjunto de tribus emparentadas. Los moabitas probablemente fueron un grupo de tribus nómadas que se establecieron al oriente del Jordán en el siglo XIII a. C. A través de la historia de Israel, los moabitas fueron subyugados o subyugaron a los israelitas en diferentes épocas. Esta nación pereció durante la conquista asiria y sus habitantes se entremezclaron con elementos del pueblo árabe, formando parte del reino árabe de los nabateos.

Moab e Israel fueron países enemigos desde el momento del Éxodo. Moab cometió la grave falta de no acoger al extranjero –un insulto inexcusable en la sociedad del oriente antiguo. Aún más tarde, en la época de los jueces –en la cual se sitúa Rut– esta grave ofensa todavía se recordaba y recontaba.

Israel no tomó tierra de Moab ni tierra de los hijos de Amón. Cuando Israel subió desde Egipto y anduvo por el desierto hasta el Mar Rojo, llegó a Cades. Entonces Israel envió mensajeros al rey de Edom diciendo: «Yo te ruego que me dejes pasar por tu tierra», pero el rey de Edom no los escuchó. También envió mensajeros al rey de Moab, el cual tampoco quiso. Israel por lo tanto se quedó en Cades. Después, yendo por el desierto, rodeó la tierra de Edom y la tierra de Moab… (Jue 11.15-7).

El «hambre en la tierra» –o la hambruna– es una amenaza continua en una sociedad agrícola. Una serie de desastres naturales –una sequía, una peste– puede desestabilizar la frágil economía de una sociedad que depende completamente de lo que sus habitantes puedan producir. Esto a su vez tiene un impacto severo sobre el crecimiento de una población y es la causa de muchas de las grandes migraciones en el oriente antiguo. Los mismos israelitas descendieron a Egipto en tiempos de José, hijo de Jacob, porque en la tierra de Caná faltó el grano. El hambre a menudo se interpreta como un justo castigo de Dios cuando un pueblo ha pecado. El libro de Rut no dice por qué sucedió la hambruna que llevó a la emigración a toda una familia, y el libro de los Jueces tampoco menciona un evento de esta magnitud.

El matrimonio en Israel

El matrimonio en el antiguo Israel no tiene la equivalencia de nuestro concepto moderno –una pareja se enamora y por decisión propia une sus vidas. En el Antiguo testamento no es así. Es significativo el hecho de que tanto en hebreo como en griego no existe una palabra para referirse al matrimonio. Tampoco nuestro concepto de matrimonio se halla en el Antiguo Testamento. La palabra *berit* «pacto» o «alianza» (Mal 2.14), es la que más se aproxima a nuestra idea. Aun cuando fue Yahvé quien le presentó al primer hombre la primera mujer (Gen 1.28; 2.18-25) y la unión conyugal es designada como pacto o alianza de Yahvé (Mal 2.17), que es su testigo y protector, el matrimonio no es en Israel, como tampoco en el antiguo oriente, asunto religioso ni público, sino asunto puramente privado entre dos familias, es decir, entre el padre de la esposa y el padre del esposo como representante de éste (Gen 24.38,6; Dt 7.3; Jue 14) o el esposo mismo (Ex 22.15). El padre elige la esposa para el hijo y logra el consentimiento del padre de la esposa (Ex 22.16), pagándole el precio de la esposa. La mujer no es por eso infeliz; el amor viene después (Gen 24.67)[2].

El libro de Rut no explica el proceso por el cual dos hombres israelitas adquirieron a dos mujeres moabitas. Sin embargo, podemos suponer que sucedió más o menos como lo hemos descrito anteriormente. El padre, o sea Elimelec, negoció con los padres moabitas y pagó el precio de esposa. Esto quiere decir que a la familia le fue lo suficientemente bien para poder buscar esposas entre las familias de Moab. Sin embargo, el libro de Rut no dice por qué no regresaron a Belén para buscarles esposas a los hijos de Noemí entre sus parientes –una práctica documentada en las historias de los patriarcas de Israel.

En Israel también existía otro tipo de matrimonio, y es sobre él que se enfoca la historia de Rut. En el Antiguo Testamento, la única manera de tener una «vida eterna» era sobrevivir en el recuerdo del pueblo de Israel. Para esto se necesitaban hijos. El hombre que moría sin hijos estaba muerto totalmente. Por eso existía el matrimonio por levirato, que aseguraba una descendencia para el difunto. Vale la pena citar el libro de Deuteronomio otra vez para comprender el contexto de este tipo de matrimonio:

«Si dos hermanos habitan juntos y uno de ellos muere sin tener hijos, la mujer del muerto no se casará fuera de la familia, con un hombre extraño; su cuñado se llegará a ella, y restableciendo con ella el parentesco la tomará como su mujer. El primogénito que ella dé a luz llevará el nombre de su hermano muerto, para que el nombre de este no sea borrado de Israel. Pero si el hombre no quiere tomarla por mujer, irá entonces su cuñada a la puerta donde están los ancianos y dirá: <Mi cuñado no quiere perpetuar el nombre de su hermano en Israel, no quiere emparentar conmigo>. Entonces los ancianos de aquella ciudad lo harán venir y hablaran con él. Y si él se levanta y dice: <No quiero tomarla>, se acercará entonces su cuñada a él delante de los ancianos, le quitara el calzado del pie, le escupirá en la cara y le dirá estas palabras: <Así se hace con un hombre que no quiere edificar la casa de su hermano. Y se le dará este nombre en Israel: 'La casa del descalzado'>» (Dt 25.5-10).

¿Por qué no querría un Israelita «edificar la casa de su hermano»? Producir herederos para un hermano era considerado un acto de caridad. La razón más probable por la que un hombre no quisiera tomar la responsabilidad del matrimonio con la viuda de su hermano sería que esto desplazaría la herencia de los hijos propios para favorecer al hijo del difunto.

Genealogía del rey David

La influencia de los redactores del libro de Rut se puede sentir en la genealogía que concluye el libro. El lector se encuentra cara a cara con una voz narrativa que conoce tanto a los antepasados de Booz y Rut como a la descendencia de la pareja.

«Estas son las generaciones de Fares: Fares engendró a Hezrón, Hezrón engendró a Ram, y Ram engendró a Aminadab, Aminadab engendró a Naasón y Naasón engendró a Salmón, Salmón engendró a Booz, y Booz engendró a Obed, Obed engendró a Isaí, e Isaí engendró a David» (4.18-22).

Algo curioso en esta genealogía es que las mujeres que tuvieron los hijos de Judá –padre de Fares y de Booz– fueron extranjeras incorporadas al pueblo de Israel. Según el evangelio de San Mateo (1,5), hasta la madre de Booz (esposa de Salmón) fue extranjera: la prostituta Rahab, a quien Josué había salvado durante el sitio de Jericó (Jos 2 y 6).

En la cronología del rey David, el libro de Rut sirve para darle sus raíces a este rey que llevó a cabo la transición hacia la monarquía y al cual Jehová promete un descendiente para siempre. Para la comunidad que regresaba siglos más tarde del destierro, esta genealogía tenía suma importancia, puesto que la promesa a David luego fue integrada en la teología de un Mesías que regresaría a redimir su pueblo.

Género literario y estructura del libro

Muchos biblistas clasifican el libro de Rut como una obra de ficción –una historia escrita para entretener a sus lectores, con los movimientos de la trama, los modelos de héroes y heroínas presentados en Rut, Noemí y Booz. También, como hemos visto, el libro afirma la posibilidad de una mujer extranjera justa, y exalta el matrimonio por levirato que resulta en el linaje real de David.

La Biblia Reina-Valera propone la siguiente división, que sigue más o menos el desarrollo narrativo del libro de Rut:

La familia de Elimelec y Noemí en Moab (1.1-5)

Noemí regresa con Rut a Belén (1.6-22)

Rut en el campo de Booz (2.1-23)

Booz se fija en Rut y la toma por esposa (3.1–4.17)

Los antepasados del rey David (4.18-22)

Esta división nos muestra cómo el libro de Rut se enfoca en la relación entre Rut y Booz, dedicándoles casi la mitad de todos los versículos a los detalles de este encuentro entre la moabita y Booz, el israelita. En el segundo capítulo encontramos en boca de Rut la pregunta que los lectores israelitas de este libro podrían hacerse: «¿Por que he hallado gracia a tus ojos para que me favorezcas siendo yo extranjera?» (2.10). La explicación de Booz y sus acciones en los capítulos que siguen interpretan la presencia de Rut como la de una forastera «justa» ante los ojos de Dios.

En este comentario seguiremos la misma división general.

Comentario

El libro de Rut narra la historia de Rut, una joven moabita que emigra con su suegra a Belén, dejando atrás a su padre, a su madre y su cultura, para serle fiel a su suegra Noemí, a su pueblo y a su Dios. En el transcurso de la historia el narrador teje un rico telón, integrando en él las costumbres, las leyes y las relaciones de un pueblo semirural al cual la moabita trata de integrarse. Como veremos, la pregunta que le hace Rut a su futuro esposo: «¿Por qué he hallado gracia a tus ojos para que me favorezcas siendo yo extranjera?» (2,10) es una importante clave para varios niveles en la interpretación de este libro.

Durante el transcurso de la historia, Rut es aceptada poco a poco en la sociedad de Belén, hasta que se integra en una de las familias más importantes de Israel –la del futuro rey David. El proceso de integración de esta inmigrante nos señala cómo y cuándo una mujer es considerada lo suficientemente «justa» para incorporarse completamente en el pueblo de Israel.

La familia de Elimelec y Noemí en Moab (1.1-5)

El libro de Rut comienza con la frase «Aconteció en los días que gobernaban los jueces, que hubo hambre en la tierra, y un hombre de Belén de Judá fue a vivir en los campos de Moab con su mujer y sus dos hijos» (Rut 1.1). El libro de Jueces describe este «tiempo en que los jueces gobernaban» como una época en que el pueblo de Israel fue subyugado por Moab y luego liberado por un juez llamado Aod. Esto ocurrió, según Jueces, porque los israelitas mismos «volvieron a hacer lo malo ante los ojos de Jehová, por lo cual Jehová fortaleció al rey Eglón, rey de Moab, contra Israel» (Jue 3.12). Después de sufrir esclavizados por Moab durante dieciocho años, los israelitas vivieron ochenta años libres de ellos. El libro de Rut no indica si la historia se desarrolla antes o después de la época de esclavitud, pero lo que sí se sabe con certeza es que los israelitas percibían al pueblo de Moab como un medio que Dios usaba para castigar su propia infidelidad.

El narrador enfatiza la ciudad de donde emigra la familia de Rut y Elimelec –Belén de Judá– varias veces en los primeros tres versos. Belén, cuyo nombre «casa de pan» implica prosperidad, irónicamente vivía una carencia drástica que motivó la emigración de la familia. Elimelec, Noemí y sus hijos emigran dejando atrás su heredad. Esto era una decisión muy importante para el futuro de la familia, puesto que la heredad se consideraba algo sagrado, dado por Jehová a su pueblo y distribuido a cada una de las tribus, y dentro de las tribus a las familias (Jos 13).

Elimelec deja sus tierras en Israel por la hambruna que acecha el país –un paso extremo para un miembro de una tribu célebre en Israel (Rut 4.3-7). No sabemos cómo sobrevive la familia al llegar a los campos de Moab, pero aun en su destierro la tragedia sigue acechándolos. Muere Elimelec, el padre, y los hijos quedan en el destierro con su viuda. Los hijos toman esposas entre las hijas de los moabitas –un gesto que pone en peligro la identidad israelita de la familia y su seguimiento de Jehová– pero los hijos también mueren, y Noemí se encuentra sola con dos nueras extranjeras– tres viudas, tres mujeres condenadas a sobrevivir en los márgenes de la sociedad, si no regresaban a la casa de sus padres.

Noemí regresa con Rut a Belén (1.6-22)

Noemí decide regresar a Judá, después de un destierro de por lo menos diez años, o sea el espacio temporal de casi una generación. ¿A quién va a encontrar en su pueblo? ¿La reconocerán? Es viuda, y por esta sencilla razón su lugar en la sociedad de Belén ha cambiado. No tiene la protección de los hombres de su familia inmediata, lo que la pone al amparo de familiares desconocidos o lejanos de su esposo. Noemí regresa a Belén donde su esposo tenía terrenos. Sin embargo, sin la fuerza física de los hombres, no puede hacerlos producir.

Noemí está muy consciente de su desamparo, porque al no tener ni esposo ni hijos no puede ofrecerles a sus nueras extranjeras un lugar seguro en la sociedad de Israel, ni en la de Moab: «¿Acaso tengo yo más hijos en el vientre que puedan ser vuestros maridos?» (Rut 1.11). Ella atribuye su desamparo a un castigo de Dios: «...mayor amargura tengo yo que vosotras, pues la mano de Jehová se ha levantado contra mí» (Rut 1.13).

¿Cuál sería el pecado o la ofensa por el cual Noemí es castigada por Dios? Hay varias posibilidades: (1) su familia dejó su heredad para vivir entre paganos; (2) los hombres de su familia tomaron mujeres de Moab, lo cual estaba prohibido por la ley; (3) la familia había asimilado las costumbres y creencias de Moab (algo que el texto no dice explícitamente). Noemí no dice por qué es castigada su familia, pero un lector del tiempo del posexilio podría leer entre líneas –quizás esta familia había abandonado su identidad como hijos de Israel y se estaba asimilando a una cultura extranjera. Como veremos, aunque el libro de Rut no desarrolla explícitamente este argumento, la familia no había sido completamente asimilada a la cultura de Moab, pero irónicamente es redimida por las acciones de una moabita.

Al describir la situación de las tres viudas, el texto del libro de Rut juega con la palabra hebrea *šub*, que significa «voltearse hacia algo o alguien», «voltearse de algo» o «regresar a un lugar». En su sentido literal, este término describe el regreso de Noemí a Belén, y también el regreso de la segunda nuera –Orfa– a la casa de su madre en Moab. Pero el verbo *šub* también quiere decir dar la vuelta y regresar al culto y a la fidelidad hacia Jehová:

> «Sucederá que cuando hayan venido sobre ti todas estas cosas [aquí Moisés se refiere al castigo de expulsar al pueblo de Israel de su tierra por haberle sido infiel a Jehová]... te arrepentirás en medio de todas la naciones adonde te haya arrojado Jehová, tu Dios, te conviertas a Jehová y obedezcas a su voz conforme a todo lo que yo te mando hoy... con todo tu corazón, y toda tu alma, entonces Jehová hará *volver* a tus cautivos, tendrá misericordia de ti y volverá a recogerte de entre todos los pueblos adonde te haya esparcido Jehová tu Dios» (Dt 30.1-2).

Šub es también el verbo usado en el Antiguo Testamento para describir el arrepentimiento del individuo, que se voltea, dejando atrás el pecado para regresar y enfrentarse a Dios.

Con este trasfondo podemos apreciar más profundamente la importancia de la decisión de Rut. Rut, la nuera extranjera, moabita condenada por la ley de Moisés, se rehúsa a volver a la «casa de su madre», a su pueblo y a su dios como se lo propone Noemí. Más bien arriesga su existencia siéndoles fiel a su suegra y al Dios de la familia de su esposo:

> «No me ruegues que me aleje
> y me aparte de ti,
> porque a dondequiera
> que tú vayas, iré yo,
> y dondequiera que vivas, viviré.
> Tu pueblo será mi pueblo
> y tu Dios, mi Dios
> donde tú mueras, moriré yo... » (1.16-7).

Esta declaración de Rut es uno de las más famosas fórmulas de fidelidad en el Antiguo Testamento. No es solamente dejar atrás a su pueblo y cultura moabita; es volverse hacia Jehová y formar parte de un pueblo que le es fiel a este Dios de Israel. Rut, sin conocer la ley de Moisés, toma la decisión de seguir al Dios de esta familia extranjera, lo que implica unirse a una comunidad o a un pueblo elegido. Escuchamos un eco de su declaración en el profeta Oseas, en el momento en que Dios restablece su relación con el pueblo de Israel, y el pueblo reafirma su fidelidad a Dios, después de haberlo abandonado:

> «La sembraré para mí en la tierra;
> tendré misericordia de Lo-ruhama [no amada]
> y diré a Lo ammi [no eres mi pueblo]
> <Tú eres mi pueblo>. Y él dirá: <Dios mío>» (Os 2.23).

Noemí regresa a Belén con su nuera y el narrador nos revela la reacción del pueblo: «toda la ciudad se conmovió por su causa» (Rut 1.19). Esto nos hace pensar que cuando las mujeres entraban en la ciudad su desgracia era visible para todos. Sin duda habían adoptado el vestido de la viudez mencionado en otros textos del Antiguo Testamento (Gen 38.14), pero su situación es confirmada por boca de Noemí: «¡No me llaméis Noemí, sino llamadme Mara; porque el Todopoderoso me ha llenado de amargura! Me fui llena, con las manos vacías me devuelve Jehová» (1.20-1). Este comentario es un poco irónico, puesto que Noemí había emigrado con su familia precisamente porque en Belén se sufría un hambruna. Sin embargo, regresa con manos vacías, porque su sostén –los hombres de su familia– ya no existe.

Las dos viudas, Rut y Noemí, regresan a Belén «con manos vacías» al comienzo de la cosecha de cebada –en la primera quincena de mayo– o sea, en el momento en que la comida abunda en Judá, un contraste grande con las circunstancias en que Noemí dejó el pueblo con los hombres de su familia. Esta cosecha se celebra aún en nuestros días en sinagogas e iglesias como la fiesta de Pentecostés.

Rut en el campo de Booz (2.1-23)

Booz, el futuro esposo de Rut, aparece por primera vez en la narración. El narrador dice que es un hombre rico, y lo demuestra porque tiene terrenos y servidores para ayudarle con la cosecha de cebada. Los siguientes versículos nos señalan qué tipo de hombre rico es Booz: generoso y fiel a las costumbres y a las leyes de Israel, pero también desafiado por Rut la moabita para actuar no solamente dentro de la letra, sino en el espíritu de la ley.

La escena comienza con la acción de sus segadores, que actúan de una manera justa con Rut, permitiéndole «espigar y recoger tras los servidores entre las gavillas» (2.7). Al permitir esto, los servidores de Booz aplicaban la ley que se encuentra en Levítico 23.22: «Cuando seguéis la mies de vuestra tierra, no segaréis hasta el último rincón de ella, ni espigarás tu siega; para el pobre y el extranjero la dejarás. Yo, Jehová, vuestro Dios». Este mismo mandamiento se encuentra en Deuteronomio 24.21, en lo que concierne al fruto de la vid: «Cuando vendimies tu viña, no rebuscarás tras de ti; será para el extranjero, el huérfano y la viuda. Acuérdate que fuiste siervo en tierra de Egipto. Por tanto te mando que hagas esto». Así vemos que los siervos de Booz tienen la suficiente confianza en él para actuar de acuerdo a la misericordia que requiere la ley. Pero Booz es aún más generoso con Rut, y le permite permanecer en su terreno el resto del tiempo de la cosecha. ¿Por qué trata a la moabita con tanta consideración? Es en este momento que el texto responde a la pregunta de Rut:

«–¿Por qué he hallado gracia a tus ojos para que me favorezcas siendo yo extranjera?
Booz le respondió:
–He sabido todo lo que has hecho con tu suegra después de la muerte de tu marido, y cómo has dejado a tu padre y a tu madre,

y la tierra donde naciste, para venir a un pueblo que no conocías. Que Jehová te recompense por ello, y que recibas tu premio de parte de Jehová Dios de Israel, bajos cuyas alas has venido a refugiarte» (2.10-2).

Booz todavía no sabía que él mismo iba a ser parte del «premio» o «recompensa» de Jehová. Al regresar a casa, Noemí se da cuenta de que Rut ha tenido un encuentro con una persona extraordinariamente generosa: «¿Dónde has espigado hoy? ¿Dónde has trabajado? ¡Bendito sea el que te ha favorecido!» (2.19). Pero al darse cuenta de que es Booz, el pariente de su esposo, inmediatamente reconoce la mano de Dios: «¡Bendito es Jehová, pues no ha negado a los vivos la benevolencia que tuvo para con los que han muerto! Ese hombre es pariente nuestro, uno de los que pueden redimirnos» (2.20). Aparentemente, Noemí todavía no había buscado el *goel* que redimiera su situación, y Booz, por su generosidad, parece ideal.

¿Que significa «redención» en este contexto? Como vimos anteriormente en la descripción del *goel*, redención no significa redimir pecados, sino actuar como pariente y salvar a una persona frágil en su necesidad material. En el caso de las dos viudas existe una doble necesidad: redimir los terrenos de Elimelec y asegurarse de que el nombre de la familia siga transmitiéndose de generación en generación. Noemí reconoce que Booz es uno entre varios que pueden redimir su situación, y aconseja a Rut quedarse con las criadas de este pariente benévolo.

Booz se fija en Rut y la toma por esposa (3.1–4.17)

Como vimos en la introducción a este capítulo, en el oriente antiguo, los padres de familia asumen la responsabilidad de encontrar un esposo o una esposa para sus hijos. Noemí asume la responsabilidad de una madre de familia al decirle a Noemí: «Hija mía, ¿no debo buscarte un hogar para que te vaya bien?» (3.1). Rut todavía era joven y podía tener hijos, pero siendo mujer y viuda,

Noemí no tiene el nivel social de un padre de familia. Así pues formula un plan para que Booz redima a Rut como lo requiere el matrimonio por levirato. Para el lector moderno, este plan puede parecer manipulación; sin embargo, en la cultura de la Biblia, tanto Noemí como Rut actúan de una manera justa porque están tratando de salvar el nombre de sus esposos en la memoria del pueblo de Israel.

Rut busca a Booz como le recomienda su suegra. Después de que Booz come y bebe, Rut va, «descubre sus pies» y se acuesta. Algunos biblistas proponen que se trata de una relación sexual entre Rut y Booz, pero no podemos saberlo con certeza. Lo que sí sabemos es que esto pone a la moabita y a Booz en una situación precaria, porque el asunto del *goel* y la redención de los terrenos de Noemí no ha sido negociado. Más aún, existe un pariente cercano que tiene más derecho de redimirla. Cuando Booz se da cuenta de quién se ha acostado con él, reconoce inmediatamente la «justicia» de la situación:

A la medianoche se estremeció aquel hombre, se dio vuelta, y descubrió que una mujer estaba costada a sus pies. Entonces dijo:
«—¿Quién eres?
—Soy Rut tu sierva, extiende el borde de tu capa sobre tu sierva, por cuanto eres pariente cercano.
Dijo Booz:
—Jehová te bendiga, hija mía; tu segunda bondad ha sido mayor que la primera, pues no has ido en busca de algún joven, pobre o rico. Ahora pues, no temas, hija mía; haré contigo como tú digas, pues toda la gente de mi pueblo sabe que eres mujer virtuosa» (3.8-11).

Esta reacción de Booz es algo curiosa. Rut había dejado a su familia para regresar con su suegra a Belén (este sería su primer gesto de bondad). Su segundo gesto de bondad es pedirle a Booz que la tome como esposa para cumplir la ley del matrimonio por levirato. Había varios «parientes más cercanos» de los cuales ella podría escoger, pero Rut buscó a Booz, quien parece haber sido más maduro. El obstáculo se resuelve como lo prescribe la ley, con un intercambio en las puertas de la ciudad.

Booz reúne al «pariente más cercano» de Noemí, (y por lo tanto de Rut) y a los ancianos del pueblo, tal como lo recomienda la ley. Su estrategia es presentarle primero la opción de adquirir los terrenos de Elimelec, y el hombre se muestra interesado. Luego le presenta su deber: el casarse con Rut la moabita para asegurarle una descendencia a Elimelec. Pero él se niega a hacerlo: «No puedo redimir para mí, no sea que perjudique mi herencia. Redime tú, usando mi derecho, porque yo no podré hacerlo» (4.6). Sí «puede hacerlo», pero decide no hacerlo porque sus propios descendientes tendrían que compartir sus bienes con los hijos de Rut, o sea con la descendencia de Elimelec. Para asegurar el pacto, el pariente –que irónicamente no tiene nombre en el relato, pero se preocupa por su descendencia– se quita la sandalia para «confirmar» el negocio.

Tomar la mujer de un pariente para perpetuar su nombre se consideraba un sacrificio en Israel, porque se anteponían los intereses del difunto a los del segundo esposo. Es un gesto de misericordia y por eso escuchamos esta bendición de parte de los ancianos que son testigos de la transacción:

«Jehová haga a la mujer que entra en tu casa como a Raquel y a Lea, las cuales edificaron la casa de Israel; y tú seas distinguido en Efrata, y renombrado en Belén. Sea tu casa como la casa de Fares, el hijo de Tamar y Judá, gracias a la descendencia que de esa joven te dé Jehová» (4.11-2).

Booz salió con la mejor parte del trato, puesto que su descendencia a través de Rut participaría en la promesa de Jehová a David (su bisnieto):

«Asimismo Jehová te hace saber que él te edificará una casa. Y cuando tus días se hayan cumplido y duermas con tus padres, yo levantaré después de ti a uno de tu linaje, el cual saldrá de tus entrañas y afirmaré su trono. Él edificará una casa para mi nombre, y yo afirmaré para siempre el trono de su reino. Yo seré padre para él y el será hijo para mí...» (2 S 7.12-4).

David, descendiente de Rut, recibe esta promesa, que se cumple en su hijo Salomón. Esta promesa se convertiría en la esperanza de un Mesías para Israel en el futuro.

El nacimiento del niño de Rut ocasiona el comentario de las mujeres del pueblo, y aquí vemos el punto de vista femenino: «Alabado sea Jehová, que hizo que no te faltara hoy pariente, cuyo nombre será celebrado en Israel; el cual será restaurador de tu alma, y te sostendrá en tu vejez; pues tu nuera, que te ama, lo ha dado a luz; y ella es de más valor para ti que siete hijos» (4.14). Las mujeres enfocan el nacimiento del hijo como una bendición personal para Noemí (y no tanto para Elimelec). También reconocen y estiman la contribución de la mujer extranjera, dándole la alabanza más grande: es mejor que siete hijos, o sea el número perfecto de hijos.

Los antepasados del rey David (4.18-22)

Como vimos anteriormente, la genealogía era muy importante para los desterrados que regresaban de Babilonia bajo el imperio de los persas. Las genealogías servían para reconstruir instituciones sociales como el sacerdocio y la monarquía, probando la identidad de las personas y a qué tribus pertenecían. Aquí sería interesante reconocer a las personas que *no* son mencionadas en la genealogía —o sea a las mujeres. Esto nos puede dar pistas acerca del mensaje sutil que podemos descubrir bajo la bella historia de Rut y Booz. Aquí está la genealogía —incluyendo a las mujeres— según otras fuentes bíblicas:

Genealogía del Rey David	Mujeres no mencionadas
Fares engendró a Hezrón, Hezrón engendró a Ram, Ram engendró a Aminadab, Aminadab engendró a Naasón Naasón engendró a Salmón, Salmón engendró a Booz, Booz engendró a Obed Obed engendró a Isaí, Isaí engendró a David. (4.18-22)	Tamar, esposa de Judá y madre de Fares Rahab, esposa de Salmón y madre de Booz Rut esposa de Booz y madre de Obed

¿Que características comparten las mujeres integradas en la genealogía del rey David? El siguiente cuadro las resume:

Mujeres en el linaje del Rey David

Tamar	Rahab	Rut
• Viuda	• Prostituta	• Viuda
• Casada con israelita	• Hija de extranjeros	• Hija de extranjeros
• Busca justicia por medio del matrimonio por levirato	• Incorporada por matrimonio con un israelita a la comunidad de Israel	• Casada con un israelita
• Perpetúa la tribu de Judá	• Reconoce la mano de Jehová en la conquista de su tierra	• Busca justicia por medio del matrimonio por levirato

	• Perpetúa la tribu de Judá	• Reconoce la mano de Jehová en la vida de su suegra y en el pueblo de Israel
		• Perpetúa la tribu de Judá

¿Qué dice esta genealogía acerca del rey David? Todas estas mujeres han tenido que vivir el dolor de la marginación en su sociedad –ya sea como viudas o como prostituta. Dos de ellas –Tamar y Rut– quedan viudas sin hijos, ya sea por las circunstancias o porque sus esposos israelitas (o los parientes que deben redimirlas) han sido injustos con ellas. Sin embargo, estas dos mujeres luchan por darle descendientes a la misma tribu de Judá, y la tercera, Rahab, ha luchado para que su propia familia sobreviva. La genealogía del rey David se caracteriza por incluir mujeres extranjeras que se portaron de una manera «más justa» que los propios hombres de la tribu de Judá.

¿Qué papel juega Rut en esta línea de mujeres? La bendición de los ancianos nos da un indicio del papel otorgado a Rut en esta historia: «Jehová haga a la mujer que entra en tu casa como a Raquel y a Lea, las cuales edificaron la casa de Israel» (4.11). Esta referencia compara a Rut con las matriarcas que crearon la descendencia de Jacob, el patriarca y origen de las doce tribus de Israel. La descendencia de Rut y Booz tiene más importancia que simplemente la de perpetuar la tribu de Judá. Rut recibe también las promesas de Dios para los patriarcas en la cuales participan las matriarcas. Y en David recibe la promesa de perpetuar la monarquía.

¿Qué importancia tendría la historia de Rut para quienes regresaban del destierro?

La promesa de una descendencia perpetua que David recibe de Jehová estaba ligada con la construcción del primer templo en Jerusalén. Pero, al mismo tiempo, la pérdida del primer templo también estaba ligada a la descendencia de David, puesto que su hijo Salomón introdujo mujeres extranjeras, con su culto extranjero. La introducción del culto extranjero constituye el pecado, y no la mujer misma, aunque a ella se le atribuye el tener influencia sobre el rey:

«Pero el rey Salomón amó, además de la hija del faraón, a muchas mujeres extranjeras, de Moab, de Amón, de Edóm, de Sidón y heteas; gentes de las cuales Jehová había dicho a los hijos de Israel: <No os uniréis a ellas, ni ella se unirán a vosotros porque ciertamente harán que vuestros corazones se inclinen a sus dioses>. A estas pues se unió Salomón por amor… Cuando Salomón era ya viejo, sus mujeres le inclinaron el corazón tras dioses ajenos…» (1R 11.1-4),

Esta condenación de los cultos extranjeros –o sea, la idolatría– constituyó una gran parte del mensaje de los profetas del norte y del sur antes de la época de destierro. Por ejemplo, el profeta Oseas perfila la idolatría contra el desconocimiento o el incumplimiento de la ley:

«Porque multiplicó Efraín los altares para pecar,
tuvo altares solo para pecar.
Le escribí las grandezas de mi Ley,
y fueron tenidas por cosa extraña….» (Os 8.11-2).

Con la idolatría toda clase de pecado viene al pueblo de Dios. Sin embargo, la promesa de Jehová a David dice acerca de su descendencia: «Si hace mal lo castigaré con vara de hombres, y con azotes de hijos de hombres; pero no apartaré mi misericordia de él... Tu casa y tu reino permanecerán para siempre delante de tu rostro, y tu trono será estable eternamente» (2 S 7.14-6).

Para la comunidad que regresaba del destierro, era cuestión de vida o muerte determinar si las mujeres extranjeras podían ser aceptadas en Israel o no. En el libro de Esdras veremos que las esposas extranjeras fueron rechazadas; pero el libro de Rut le pregunta a la comunidad posexílica: ¿Qué pasa con las mujeres que son «justas a los ojos de la Ley y por lo tanto de Jehová»? ¿Cómo podemos excluirlas si ellas forman parte de la línea davídica, a la cual Jehová prometió una descendencia eterna?

¿Por qué leer el libro de Rut hoy en día?

«Agarré mis hijos, mis cosas, y empecé a caminar...». Este testimonio de una mujer latina inmigrante hace eco en nuestros días de los movimientos de Rut y Noemí, mil años o más antes de Cristo. Pero en nuestros días somos testigos de un vasto evento histórico –la *irrupción* del pobre y del inmigrante en las sociedades de Norteamérica. Un movimiento de personas tan grande como nunca antes se había visto. Esta *irrupción* del inmigrante sobre la escena mundial no la constituyen solamente hombres; aproximadamente el cuarenta y siete por ciento de los inmigrantes y refugiados del mundo son mujeres –muchas de ellas con niños. En años recientes, las mujeres han constituido el 52% de la inmigración legal a los Estados Unidos[3]. Sin embargo, en nuestra sociedad continuamos representando la experiencia del inmigrante como el movimiento de hombres solteros o con familia[4]. Escondida en la categoría «inmigrante» está la mujer sola, viuda, soltera con hijos, tomando la iniciativa como «cabeza» de la familia en busca de mejores oportunidades.

No importa por qué emigran –para dejar la pobreza, en busca de una vida mejor, forzadas a abandonar sus casas por la violencia. El dejar su país trae consigo otro nivel de pobreza. Cada persona deja atrás una red de familiares y amigos, experiencias de la vida compartidas en comunidad, para sumergirse en un mundo ancho y ajeno. La emigración arranca las estructuras sociales que le dan significado a la vida humana, que le dan un lugar y una identidad a la persona. El integrarse a una nueva sociedad obliga al inmigrante a forjar un nuevo «yo» compuesto de su antiguo ser y el impacto de su nueva cultura.

El libro de Rut responde a la pregunta: ¿Cómo está presente Dios en la vida de las inmigrantes? El libro refleja la preocupación por sobrevivir que dominaba la vida de muchas mujeres en el oriente antiguo, pero que todavía se manifiesta en la vida de las inmigrantes. Representa a las mujeres inmigrantes como seres que toman las limitadas oportunidades de su ambiente para buscar una vida mejor. Noemí y Rut huyen de la opresión que se manifiesta en sus vidas en Moab en la desgracia de la muerte, para incorporarse a la «vida de viudas» en Israel. Buscan la seguridad que se manifiesta como tener algo que comer e incorporarse a un grupo familiar. El caso de Rut es aun más agudo, puesto que a su situación de viuda se suma la de extranjera y aun más, de «enemiga» del pueblo de Israel.

Al ver todos estos desafíos, podríamos preguntar: ¿Por qué arriesgarlo todo? ¿Por qué lanzarse de lo que se conoce hacia lo desconocido? Rut responde con un gesto de fidelidad hacia una persona (Noemí) y hacia Dios.

> «No me ruegues que me aleje
> y me aparte de ti,
> porque a dondequiera
> que tú vayas, iré yo,
> y dondequiera que vivas, viviré.
> Tu pueblo será mi pueblo
> y tu Dios, mi Dios
> donde tú mueras, moriré yo…» (Rut 1.16-17).

La presencia de Dios en la vida de las inmigrantes también se nota en su gesto de fe. Muchas son las historias de mujeres latinas que se lanzan al vacío «agarradas de la mano de Dios». Ellas preguntan a las culturas a las cuales emigran:

«¿*Puedo* hallar gracia a tus ojos,
para que me favorezcas
siendo yo extranjera?».

Capítulo 2

Esdras

«Todo el pueblo aclamaba con gran júbilo y alababa a Jehová, porque se echaron los cimientos de la casa de Jehová».
—Esd 3.11

Introducción

La reconstrucción del templo fue un hito importante en la historia del pueblo de Israel. Después de la destrucción total de los lugares santos en el reino del norte, y la destrucción del templo de Salomón en el sur, la religión de Israel tuvo que sobrevivir en el destierro. El profeta Oseas describe esta situación:

«Porque muchos días estarán los hijos de Israel sin rey, sin príncipe, sin sacrificio, sin estatua, sin efod y sin terafines. Después volverán los hijos de Israel, buscarán a Jehová, su Dios, y a David su rey, y temerán a Jehová y a su bondad al fin de los días» (Os 3.4-5).

Reconstruir el templo implicaba también reconstruir la comunidad: no solamente reintegrar los equipos de sacerdotes, levitas y servidores del templo, sino también equipar a la gente del pueblo para «estudiar la ley de Jehová y para cumplirla, y... enseñar en Israel sus estatutos y decretos» (Esd. 7.10). La repatriación no era solamente un proyecto para la reconstrucción de un edificio, sino la reintegración de una comunidad viviente. Aunque el libro que estudiamos lleva el nombre de Esdras, varios líderes contribuyeron a este monumental proyecto –líderes que representaban las clasificaciones de Oseas.

Aquí veremos los desafíos que deben sobrellevar los repatriados al reconstruir el templo, y las decisiones que tomaron para mantener el carácter «sagrado» de la comunidad.

Contexto bíblico

En la versión Reina-Valera de la Biblia, el libro de Esdras se encuentra después de 1 y 2 Crónicas y antes de Nehemías. Los eventos que narra son una continuación de las experiencias que se encuentran en Crónicas y a veces duplican los mismos eventos. Nehemías continúa los eventos que se encuentran en Esdras, y a veces los duplica. El enfoque de Nehemías es la reconstrucción del muro de la ciudad de Jerusalén. Muchos biblistas creen que Crónicas, Esdras y Nehemías son obra del mismo autor. Las características internas de los libros –el mismo lenguaje y procedimientos literarios– apoyan esa teoría. El autor del Esdras combina varias fuentes: las memorias de Esdras, los informes de Nehemías y una colección de documentos escritos en arameo que detallan los obstáculos que tuvieron que encarar los constructores del templo.

Personajes

En esta sección resumimos brevemente la identidad de los personajes principales. En el libro de Esdras, la voz del narrador tiene mucha amplitud, o sea que hay poco diálogo. Conocemos a los personajes por medio de la descripción del narrador y por cartas que se escriben esntre sí.

Zorobabel

Zorobabel es el líder civil de los judíos repatriados por el edicto de Ciro. El libro de Crónicas lo menciona como nieto de

Joaquín, conocido como Jeconías, rey de Judá (1 Cr 3.17-19; Mt 1.12). Siendo descendiente del penúltimo rey de Judá, Zorobabel perpetúa el linaje de David, cumpliendo la promesa de Jehová de que siempre habría un descendiente suyo en el trono de Israel. El problema es que, con la hegemonía persa, la monarquía como tal ya no existía. Zorobabel es también mencionado por el profeta Hageo como el líder a quien Jehová dirige varias profecías –correcciones y consuelos– durante la reconstrucción del templo. Esdras también habla de Sesbasar, príncipe de Judá, y es posible que esta sea la versión persa de Zorobabel.

Jesua

Jesua, hijo de Josadac, es el sacerdote que dirige la reconstrucción del templo y los ritos y sacrificios que acompañan esta labor. En el libro de Esdras figura en la categoría de sacerdotes y también en la de levitas. Los profetas Hageo y Zacarías le dirigen varias profecías, animándolo para que siguiera construyendo el templo.

Esdras

Esdras, sacerdote y escriba, aparece en el séptimo capítulo del libro que lleva su nombre. También se le menciona en el libro de Nehemías. El libro de Esdras traza su descendencia hasta Aarón, el hermano de Moisés y primer sacerdote consagrado durante el Éxodo. El narrador describe a Esdras así: «Esdras era un escriba diligente en la ley de Moisés, que Jehová, Dios de Israel, había dado; y le concedió el rey todo lo que pidió, porque la mano de Jehová, su Dios, estaba sobre Esdras» (7.6). Cuando Esdras aparece en el capítulo 7, habla en primera persona, y se nota inmediatamente su preocupación por la ley. Cada actividad tenía que reflejar el «culto justo» rendido a Jehová, según los preceptos de la ley.

Un escriba no solamente «escribe» lo que escucha, sino que tiene la capacidad de interpretar el texto que transmite. Según muchos biblistas, Esdras y quienes pertenecían a la escuela que él encabezaba fueron los redactores del Pentateuco –o sea, los primeros cinco libros del Antiguo Testamento. Esta escuela probablemente estaba formada por un grupo de sacerdotes desterrados que, al no poder celebrar el culto, enfocaron su energía en «salvar» la ley y sus tradiciones.

Los reyes de Persia

La obra de reconstruir el templo se llevó a cabo durante el reinado de varios soberanos persas. Comenzó con Ciro, pero luego siguió durante los reinados de Asuero, Artajerjes y Darío. Esta lista de reyes está incompleta– no refleja la historia completa del imperio de los persas. (Véase la introducción a este volumen).

Los adversarios

¿Quiénes son los adversarios del pueblo que regresa a reconstruir el templo? El texto nos da una indicación por medio de uno de los pocos diálogos que se encuentran en él:

> «Cuando los enemigos de Judá y de Benjamín oyeron que los que habían vuelto de la cautividad edificaban un templo a Jehová, Dios de Israel, fueron a ver a Zorobabel y a los jefes de familia y les dijeron:
> –Edificaremos con vosotros, porque, como vosotros buscamos a vuestro Dios y a él ofrecemos sacrificios desde los días de Esar-hadon, rey de Asiria, que nos hizo venir aquí» (4.1-2).

Los enemigos son los descendientes de otros pueblos que habían sido exiliados de sus propios países bajo el imperio asirio. El destierro y reubicación de pueblos enteros socavaba su voluntad para rebelarse contra el poder asirio. Al mismo tiempo, quebrantaba la relación entre un pueblo y su dios. A dichos enemigos se sumó la gente pobre de Israel que había quedado en el país después de las deportaciones asirias. Así pues, los extranjeros reubicados podían tomar el culto del dios de la comarca, un serio problema para los israelitas, puesto que Jehová era el Dios único, comprometido en una alianza con un pueblo elegido. El foco de la oposición a la obra de reconstrucción viene de los gobernantes de Samaria, el antiguo reino del norte. El libro de Nehemías da una descripción detallada de la oposición de los samaritanos a la reconstrucción de Jerusalén y de su templo.

El mundo social

La historia narrada por Crónicas, Esdras y Nehemías se enfoca en el regreso de los desterrados de todos los rincones del imperio persa. El viaje desde Babilonia duraba más o menos cien días, y era muy peligroso, como vemos en el caso de Esdras, el sacerdote y escriba. Los desterrados llegaban con una gran variedad de experiencias del exilio, según el lugar y las culturas en que hubieran estado.

Cuando los babilonios desterraron a los judíos en 586 a. C., estos se esparcieron por todo el imperio, desde Mesopotamia hasta Egipto. En el destierro, la primera generación lamentó la pérdida de su nación.

> «Judá ha ido en cautiverio afligida
> y en dura servidumbre;
> ha habitado entre las naciones,
> sin hallar descanso;
> todos sus perseguidores la alcanzaron
> y pusieron en estrechuras...» (Lam 1.3).

Pero, poco a poco, la situación de los judíos mejoró en el imperio persa, a tal punto que muchos formaron parte de la administración real, como por ejemplo Nehemías, el copero y hombre de confianza del rey Artajerjes I. Algunos judíos se negaron a regresar a Jerusalén, y estos a menudo enviaban ayuda material a los repatriados que reconstruían el templo y la nación.

Un fenómeno cultural que impactaría sobre los desterrados sería el encuentro con conceptos religiosos que no concordaban con el culto a Jehová. En Babilonia, por ejemplo, los exilados se encontraron con los «cultos astrales», o sea los cultos que adoraban los astros del cielo como representantes de los dioses. También más adelante habían encontrado la religión de los persas fundada por Zoroastro, que propone una visión monoteísta, pero con diferencias profundas con respecto al culto de Jehová. El libro de Esdras representa el esfuerzo de la comunidad judía de no dejarse influenciar por las religiones de los pueblos a su alrededor.

Estructura del libro

El libro de Esdras es una crónica del regreso de las tribus de Judá a su territorio nacional (capítulos 1-6). A esta descripción se añade el regreso de Esdras, un sacerdote conocedor de la Ley, que agregó a la reiniciación del culto el conocimiento de la Tora (capítulos 7-10). La Reina-Valera sugiere las siguientes divisiones que describen los acontecimientos importantes en Esdras:

> El decreto de Ciro (1.1-4)
> El regreso a Jerusalén (1.5-11)
> El censo de los repatriados (2.1-70)
> La restauración del altar y del culto (3.1-7)
> Los cimientos del templo (3.8-13)
> Los adversarios detienen la reedificación del templo (4.1-24)
> La reedificación del templo (5.1–6.22)
> La llegada de Esdras a Jerusalén (7.1-10)
> La carta del rey Artajerjes (7.11-28)
> Los compañeros de Esdras en la repatriación (8.1-36)
> La oración de confesión de Esdras (9.1-15)
> La expulsión de mujeres extranjeras (10.1-44)
> En el comentario vamos a seguir esta estructura porque preserva la unidad de cada episodio de que se compone el libro.

Comentario

En el libro de Esdras notamos dos objetivos principales: la reedificación del templo dedicado a Jehová y, aún más importante, la reconstitución de un pueblo dedicado al servicio, o sea al culto de Jehová. Los primeros seis capítulos cuentan la historia del decreto de Ciro, que inicia este gran movimiento de restauración, y también cuentan el ciclo de oposición, permiso y oposición que sucedió conforme cambiaban los reyes de Persia. Cada vez, los repatriados tenían que recordarle al rey persa el decreto de su antepasado Ciro.

Después de terminar la obra de reconstrucción del templo, los capítulos 7 al 10 describen la restauración de un culto de acuerdo a las enseñanzas de la Tora, o sea la ley de Jehová. El impulso principal de esta reforma viene de Esdras, el sacerdote y escriba.

El Decreto de Ciro (1.1-4)

«En el primer año de Ciro, rey de Persia...». Así empieza el libro de Esdras, usando la técnica común en el antiguo oriente de fechar usando los días en que reinaban los reyes. Esta práctica común en el oriente antiguo sitúa los eventos narrados en el libro al principio de un cambio radical en la política del oriente. Los pueblos subyugados por el imperialismo persa fueron tratados con más humanidad que bajo el poderío de Asiria o de Babilonia. Esta fue una política que Ciro instituyó para marcar una diferencia entre el sistema de gobierno persa y el asirio-babilónico.

Ciro, o la voz de Ciro en este texto, se representa a sí mismo como un servidor de «Jehová el Dios de los cielos», que ha recibido una revelación para que se construya el templo de Jehová. Esta teología también se encuentra en Isaías, pero articulada a través de la voz de Dios:

> «Así dice Jehová a su ungido, a Ciro
> al cual tomé yo por su mano derecha
> para sujetar naciones delante de él
> y desatar lomos de reyes;
> para abrir puertas delante de él
> puertas que no se cerrarán.

Yo iré delante de ti
y enderezaré los lugares torcidos
quebrantaré puertas de bronce
y haré pedazos cerrojos de hierro.
Te daré los tesoros escondidos
y los secretos muy guardados,
para que sepas que yo soy Jehová,
el Dios de Israel,
que te pongo nombre.
Por amor de mi siervo Jacob,
de Israel, mi escogido
te llamé por nombre
te puse nombre insigne
aunque no me has conocido.
Yo soy Jehová
y no hay ningún otro,
no hay Dios fuera de mí…
Yo formo la luz y creo las tinieblas,
hago la paz
y creo la adversidad
solo yo, Jehová
soy el que hace todo esto» (Is 45.1-7).

Ciro es el elegido de Jehová que desconoce a Dios, pero quien ha sido escogido como instrumento de liberación para el pueblo de Israel. El libro profético sigue con una descripción del Dios creador. Estos conceptos subyacentes se encuentran de una manera concisa en el decreto de Ciro. El decreto también incluye otras adiciones que reflejan la teología del grupo de escribas que trabajaban durante la época posexílica –«Dios de Israel, [él es Dios]», referencia al Dios creador que, así como crea el universo, es capaz de recrear a su pueblo, y que también se encuentra en Isaías 45.18.

El regreso a Jerusalén (1.5-11)

«Entonces se levantaron los jefes de las casas paternas de Judá y Benjamín». Los que regresaron del destierro a reconstruir Jerusalén pertenecían a las dos tribus que habían poblado el reino del sur durante la monarquía. El narrador enfatiza que es Dios quien toma la iniciativa porque «puso en su corazón subir a edificar la casa de Jehová, la cual está en Jerusalén». Más aún, incluye un detalle que compara esta experiencia con la del Éxodo: «E hicieron los hijos de Israel conforme a la orden de Moisés, y pidieron a los egipcios alhajas de plata y de oro y vestidos. Jehová hizo que el pueblo se ganara el favor de los egipcios y estos les dieron cuanto pedían. Así despojaron a los egipcios». Lo mismo ocurre con los que regresan a Jerusalén: «Y todos los que habitaban en los alrededores los ayudaron con plata y oro, con bienes y ganado y con cosas preciosas, además de toda clase de ofrendas voluntarias» (1.6). Incluidos entre los que ayudaron económicamente están los judíos que decidieron quedarse en el mundo más amplio del imperio persa. Dios envía a su pueblo a reconstruir el templo con generosidad de parte de los que lo rodean. Esta generosidad incluye la restauración del tesoro del templo, que es riqueza consagrada a Dios.

Censo de los repatriados (2.1-70)

Aunque este censo no sea una lectura muy interesante, por ser una lista de nombres, tiene detalles que nos dan un resumen de la situación social de los repatriados. Dentro del censo hay categorías de personas que definen el sistema social de la comunidad de Israel. «Estos son los hijos de provincia» o sea los que habían nacido en Judá, pero que Nabucodonosor había llevado a Babilonia. La lista comienza con Zorobabel, el descendiente del último rey de Judá (1 Cr 3.17-19; Mt 1.12). Con esta persona, el narrador indica que la línea monárquica de Israel estaba representada, pero bajo la hegemonía persa el descendiente de David no podía ejercer el poder. Al lado de Zorobabel está Jesua, el sumo sacerdote, cuya familia se describe con más detalle más adelante. Luego sigue el número de los hombres que pertenecían al pueblo de Israel y podían trazar su parentesco. La lista está compuesta de grupos organizados por nombre de familia o por localidades que existieron antes del destierro.

La influencia sacerdotal en el libro de Esdras se nota en el censo, que hace hincapié en las divisiones de los funcionarios del templo: sacerdotes, levitas, cantores, porteros, sirvientes del templo, hijos de los siervos de Salomón... y termina con un resumen: «Total de los sirvientes del Templo y de los hijos de los siervos de Salomón, trescientos noventa y dos». Los siervos de Salomón fueron cananeos, con un estatus menor, pero aprobados por Salomón. Al final de la lista de los «reconocidos» está la lista de quienes no podían probar su parentesco o su línea de descendencia. «Estos buscaron su registro genealógico, pero como no lo hallaron, fueron excluidos del sacerdocio. El gobernador les dijo que no comieran de las cosas más santas, hasta que hubiera sacerdote que consultara con Urim y Tumim». El Urim y Tumim data del periodo antes del destierro, y se cree que es una referencia al uso del peto o pectoral del sumo sacerdote para adivinar la voluntad de Dios.

Aunque más adelante en el libro de Esdras las mujeres juegan un papel importante en la congregación, el censo no menciona ni a las mujeres ni a los niños con respecto a los oficiales del culto, los hombres del pueblo y Zorobabel. Sin embargo, sí se encuentran las mujeres en las lista de siervos y siervas, cantores y cantoras. Estos están incluidos en el censo de caballos, mulas, camellos y asnos, por ser propiedad de sus amos.

El final del censo es un resumen conciso de las categorías que hemos visto. El narrador enfatiza el hecho que cada grupo «habitó pues en sus ciudades», frase que recuerda la conquista de Canaán (Jos 15). Al retomar sus propiedades, los habitantes también retomaban la responsabilidad de producir económicamente y así sostener el culto en Jerusalén.

Restauración del altar y del culto (3.1-7)

La restauración del templo comienza con la restauración del culto, centrado en los sacrificios y holocaustos. Los sacrificios comienzan en el séptimo mes, que está repleto de liturgias y celebraciones. Una celebración importante es la de Tabernáculos o Enramadas, en la cual los judíos recordaban su recorrido por el desierto después de ser liberados de Egipto.(Lv 23.23-43; Nm 29). Una obra santa tal como la reconstrucción del templo tenía que comenzar por la santificación que se lleva a cabo en el culto. En esta primera celebración vemos la separación por niveles de santidad, aun cuando no existe el edificio del templo. Solamente los sacerdotes ofrecen sacrificios en el altar.

Los cimientos del templo (3.8-13)

Esdras presenta dos instituciones importantes –la monarquía, representada por Zorobabel, y el sacerdocio, representado por Jesua– trabajando juntas para reconstruir el edificio del templo. Echar los cimientos es un momento de culto –culto de adoración y agradecimiento a Jehová– por el significado o la importancia que tenía el templo para la relación del pueblo con Dios y para su identidad nacional. «Cantaban, alabando y dando gracias a Jehová: <Porque él es bueno, porque para siempre es su misericordia sobre Israel>». Esdras cita esta fórmula que se encuentra en los salmos 100 y 106. El salmo 100 es un himno de alabanza a Jehová que concluye el ciclo de salmos (93, 95-99) que exhortan a Israel y a las naciones a reconocer el dominio de Jehová.

> «Cantad alegres a Dios,
> habitantes de toda la tierra.
> Servid a Jehová con alegría;
> venid ante su presencia con regocijo.
> Reconoced que Jehová es Dios;
> él nos hizo y no nosotros a nosotros mismos;
> pueblo suyo somos y ovejas de su prado.

Entrad por sus puertas
con acción de gracias,
Por sus atrios con alabanza.
¡Alabadlo y bendecid su nombre!
Porque Jehová es bueno;
Para siempre es su misericordia,
y su fidelidad por todas las generaciones» (Salmo 100).

El texto de Esdras no hace referencia a «todos los habitantes de la tierra», probablemente porque la preocupación de este texto es establecer la autenticidad y la continuidad del pueblo que regresa a Judá con la comunidad que existió antes del destierro. El salmo 106 también usa la fórmula, pero recita la historia de la rebelión de Israel contra Dios, y al mismo tiempo celebra la acción salvífica de Jehová hacia su pueblo. Ambos salmos reflejan la teología de la comunidad que regresaba del destierro.

En este momento de la rededicación del templo notamos dos perspectivas relacionadas con este evento: el regocijo de quienes percibían la reconstrucción como un signo de esperanza, y la lamentación de quienes recordaban la gloria del templo construido por Salomón. Esto marcaba sin duda una diferencia de temperamento –los optimistas *versus* los pesimistas–, pero lo más probable es que marque la diferencia entre generaciones: la que había vivido el glorioso pasado del reino de Judá, y la que regresaba a fundar una nueva sociedad.

Los adversarios detienen la reedificación del templo (4.1-24)

Los capítulos 4 a 6 relatan la oposición que generó la reconstrucción del templo entre «la gente del país», los «gobernadores y oficiales de Persia, Babilonia y Susa» y «los demás pueblos que el grande y glorioso Asnapar deportó e hizo habitar en las ciudades de Samaria». A éstos también se suman «los gobernadores del otro lado del río». Leído desde el punto de vista de Persia, «el río» es el Éufrates, y por lo tanto estos gobernadores serían los que gobernaban al oeste del Éufrates.

La estrategia de los adversarios es recordarle al rey persa la historia de las rebeliones de Judá contra el poder central de Babilonia:

> «…hemos enviado esta denuncia al rey a fin de que se investigue en el libro de las memorias de tus padres. En el libro de las memorias encontrarás y sabrás que esta ciudad es rebelde, perjudicial a los reyes y a las provincias, y que de tiempo antiguo en ella se han fomentado rebeliones. Por ese motivo la ciudad fue destruida. Hacemos saber al rey que si se reedifica esta ciudad y se levantan sus muros, la región de mas allá del río no será tuya».

El «libro de memorias» donde se encontraría esta historia de las rebeliones de Judá sería el de los reyes de Babilonia, a quienes los persas habían conquistado. Esta estrategia funcionaría mientras los gobernantes no investigaran su propia historia política iniciada por Ciro y que consistía en diferenciar el gobierno persa del de Babilonia. Otra táctica de los adversarios es instigar el temor de perder no solamente Jerusalén, sino todo el oeste del imperio. Sin embargo, al darse cuenta los persas de que la construcción del templo y la ciudad de Jerusalén es parte de su propia historia iniciada por Ciro, permiten que la reedificación continúe. También es posible que la reconstrucción de Jerusalén ayudara a los persas precisamente porque disminuiría el poder de sus otros gobernantes. Según Esdras este proceso de denuncia y favor continuó durante los reinos de Ciro, Asuero, Artajerjes y Darío, o sea durante la mayor parte del período persa.

Reedificación del templo (5.1–6.22)
Durante el reinado de Darío, la reedificación del templo recomienza después de la intervención de dos profetas, Hageo y Zacarías. El libro de Esdras no da el contenido de la profecía.

Solamente sabemos que impulsó a Zorobabel y a Jesua a continuar la obra sin el permiso oficial. Sin embargo, el libro del profeta Hageo sí nos habla de los dos oráculos que impulsaron a estos dos oficiales a seguir construyendo. Cada uno identifica un problema específico: la complacencia y el temor.

> «Así ha hablado Jehová de los ejércitos:
> Este pueblo dice:
> <No ha llegado aun el tiempo, el tiempo de que la casa de Jehová sea edificada>.
> Entonces llegó esta palabra de Jehová por medio del profeta Hageo:
> <¿Es acaso tiempo para vosotros de habitar en vuestras casas artesonadas, mientras esta casa está en ruinas? Pues así ha dicho Jehová de los ejércitos:
> –Meditad sobre vuestros caminos. Sembráis mucho, pero recogéis poco, coméis, pero no os saciáis, bebéis, pero no quedáis satisfechos...
> –Por cuanto mi casa está desierta, mientras cada uno de vosotros corre a su propia casa. Por eso los cielos os han negado la lluvia, y la tierra retuvo sus frutos... Yo llamé la sequía sobre esta tierra>».
> (Hag 1.4-10).

Esta profecía recuerda las palabras del rey David al proponerle al profeta Natán la construcción de una casa para Jehová. «Dijo el rey al profeta Natán: –Mira ahora, yo habito en casa de cedro mientras que el Arca de Dios esta entre cortinas...» (2 S 7.2). En ese caso, el rey David está actuando como un rey en el oriente antiguo, cuyo poder se manifestaba por medio de la construcción de un magnifico templo para su dios. Pero tal no es el caso de Zorobabel y Jesua, puesto que la reconstrucción del templo había sido mandada por Ciro. Al verse cara a cara con la oposición, posiblemente habían dejado a un lado la reconstrucción del templo para mejorar sus propias viviendas.

La profecía de Hageo les recuerda a los jefes del pueblo que el estar contentos con sus propias casas, o sea, con su propio enriquecimiento, es lo que causa la sequía. La naturaleza deja de responder cuando el corazón y las acciones del ser humano no están orientados hacia Dios. Este vínculo entre el medio ambiente, la justicia social y el verdadero culto a Jehová se nota en el Pentateuco y en la tradición profética:

«Os hice pasar hambre
en todas vuestras ciudades
y hubo falta de pan
en todos vuestros pueblos;
más no os volvisteis a mí,
dice Jehová...
Os herí con viento de este
y con oruga;
la langosta devoró vuestros
muchos huertos
y vuestras viñas,
vuestros higuerales
y vuestros olivares,
pero nunca volvisteis a mí.
Dice Jehová» (Am 4:6,9).

Zorobabel y Jesua reinician la construcción del templo, y la segunda profecía de Hageo les alienta para que sigan adelante a pesar de no tener el apoyo oficial: «Yo estoy con vosotros, dice Jehová« (Hag 1.11).

A pesar de los obstáculos internos del desánimo y la complacencia, sumados al obstáculo externo de lo oposición de los adversarios, la reconstrucción del segundo templo sigue adelante. Esdras nos dice que fue completado durante el reino de Darío, y celebraron la primera pascua:

«Los hijos de Israel, los sacerdotes, los levitas y los demás que habían regresado de la cautividad hicieron la dedicación de esta casa de Dios con gozo… Durante siete días celebraron con regocijo la fiesta solemne de los panes sin levadura, por cuanto Jehová los había alegrado y había dispuesto el corazón del rey de Asiria favorablemente hacia ellos, a fin de fortalecer sus manos en la obra de la casa de Dios, del Dios de Israel» (6.19,22).

Llegada de Esdras a Jerusalén (7.1-10)

«Pasadas estas cosas, en el reinado de Artajerjes, rey de Persia, Esdras, hijo de Seraía… hijo de Aarón, primer sacerdote, subió de Babilonia». Aquí vemos aparecer por primera vez al personaje que le da nombre a este libro. El narrador nos da una imagen muy positiva de Esdras: «era un escriba diligente en la ley de Moisés, que Jehová, Dios de Israel había dado… ¡La buena mano de Dios estaba con él! Porque Esdras había preparado su corazón para estudiar la ley de Jehová y para cumplirla, y para enseñar en Israel sus estatutos y decretos». Esdras aparece en la comunidad de Jerusalén con esta misión definida por el narrador.

Carta del rey Artajerjes (7.11-28)

La carta de Artajerjes añade más información: «Eres enviado a visitar Judea y a Jerusalén, conforme a la ley de tu Dios que está en tus manos, y a llevar plata y el oro que el rey y sus consejeros voluntariamente ofrecen al Dios de Israel». En esta carta el rey le entrega una comisión a Esdras. El motivo de su viaje, según Artajerjes, es muy diferente. ¡Esdras es enviado con ofrendas de parte del rey y sus consejeros para Jehová! En otras palabras, Artajerjes, un gentil, lo envía con ofrendas para sacrificios a su propio favor. «Todo lo que es mandado por el Dios del cielo, sea hecho puntualmente para la casa del Dios del cielo; pues, ¿por qué habría de caer su ira contra el reino del rey y de sus hijos?». Es la misma razón dada por Ciro en el decreto que aparece al principio del libro.

Los compañeros de Esdras en la repatriación (8.1-36)

La carta de Artjerjes sirve de transición a la segunda y muy importante parte del libro de Esdras: la llegada de Esdras para enseñar en Israel los estatutos y decretos de Jehová. Esta transición también se nota en un cambio de voz: ya no es el narrador, sino Esdras quien cuenta los sucesos.

Esdras comienza describiendo la genealogía de los que le acompañaron en su viaje hacia Jerusalén. La genealogía es importante porque establece el lugar de la persona en la comunidad que existió antes del destierro y es, por lo tanto, crucial para los oficiales del culto. Despues de contar a quienes le acompañan, Esdras se da cuenta de que falta una categoría de persona: «Observé que había gente de pueblo y sacerdotes, pero no hallé ningún levita… Gracias a que la mano bondadosa de nuestro Dios estaba sobre nosotros, nos enviaron a un hombre entendido llamado Serebías» (8.15,18). Los levitas tenían, como vimos anteriormente, funciones administrativas, y también se encargaban de los cultos de alabanza y acción de gracias.

Oración de confesión de Esdras (9.1-15)

En el momento en que el templo está construido y el culto ha comenzado, Esdras llega a Jerusalén. Según Esdras, «los gobernantes» se acercan a él y le cuentan que existe una violación grave de la ley:

> «El pueblo de Israel, los sacerdotes y levitas no se han separado de las gentes del país, de los cananeos, heteos, ferezeos, jebuseos, amonitas, moabitas, egipcios y amorreos, y han caído en abominaciones. Porque han tomado mujeres para sí y para sus hijos de las hijas de ellos, y el linaje santo ha sido mezclado con las gentes del país. Los jefes y gobernadores han sido los primeros en cometer este pecado».

Este pasaje refleja dos textos de la ley, Éxodo 34.15-16 y Deuteronomio 7.2-6, cuyo fin es evitar la contaminación religiosa del pueblo de Israel. Algunos de los pueblos nombrados por Esdras habían dejado de existir. Esta lista es un anacronismo basado en Deuteronomio 7. Excluidos de la lista están los samaritanos, a los que Esdras más adelante invita a la ceremonia en la cual el pueblo acepta su versión del Pentateuco (Neh 8-9).

Como vimos en la introducción a este volumen, cierto grupo de teólogos en Israel atribuía la separación y luego la caída de los reinos del norte y del sur a la idolatría. Según el Éxodo, Deuteronomio, Reyes y Crónicas, en muchas ocasiones la idolatría fue introducida en los reinos, y aun en el culto supuestamente «puro» del templo de Jerusalén, por las mujeres extranjeras de los reyes. El problema surge de nuevo en el período posexílico. Este delito es tan serio, que Esdras usa los gestos de lamentación para expresar su duelo por el pueblo: «Cuando oí esto, rasgué mi vestido y mi manto, me arranqué el pelo de mi cabeza y de mi barba y me senté angustiado en extremo». La oración de intercesión que sigue retoma el texto de Deuteronomio, y expresa la terrible ansiedad que causa el pecado de introducir la impureza de otras razas en Israel. El temor de Esdras es que el pueblo sea borrado de la faz de la tierra: «Jehová, Dios de Israel, tú eres justo, pues hemos quedado como un resto que ha escapado, tal cual ha sucedido en este día. Henos aquí, delante de ti, con nuestros delitos; por su causa no somos dignos de estar en tu presencia».

Expulsión de mujeres extranjeras (10.1-44)

La oración de Esdras ocurre frente a la casa de Dios, en un lugar público donde toda la población puede escucharlo. La oración en sí es una confesión de pecado, y no una intercesión por el pueblo o por los extranjeros y extranjeras que vivían entre ellos. Tampoco es una petición; simple y sencillamente reconoce públicamente la impureza o el pecado del pueblo. Esdras recibe una reacción o respuesta a su gesto público de parte de Secanías, el levita a quien trajo consigo del cautiverio, quien propone públicamente la expulsión de las mujeres extranjeras. La expulsión es impuesta con la penalidad de que «el que no se presentara en el plazo de tres días, conforme al acuerdo de los jefes y los ancianos, perdería toda su hacienda y sería excluido de la congregación de los que habían regresado del cautiverio». En efecto, el que se opusiera quedaría excomulgado, o sea separado del culto de la congregación.

Según Esdras, el pueblo aceptó esta decisión casi sin objeciones, a excepción de dos hombres, Jonatán y Jahazías, apoyados por los levitas Mesulam y Sabetai. El texto también habla de los pueblos de la tierra, lo que incluye a los israelitas que no fueron desterrados y que posiblemente no aceptaron la ley tal como la impuso el movimiento de Esdras. Es posible que la oposición haya sido más fuerte, pues encontramos dos libros en el Antiguo Testamento escritos en la época posexílica que defienden al extranjero o a la extranjera: Rut y Jonás.

¿Por qué leer el libro hoy?

¿Qué puede decirle a un latinoamericano un libro que habla en contra del mestizaje? Todos los que nos originamos en América Latina somos el producto de esa gran fusión de razas y culturas que el escritor José Vasconcelos llama «la raza cósmica». El rechazo de las mujeres extranjeras es una injusticia perpetrada para acabar con la mezcla entre otras razas y el «linaje santo» de Israel. Quizá nos preguntemos: ¿Será posible que Dios sea tan despiadado para con los pueblos gentiles? ¿Cómo podemos aceptar el Dios de Esdras, siendo nosotros mismos hijos e hijas de mestizos?

Tenemos que leer el libro de Esdras en el contexto total de los textos del período posexílico. En este grupo de textos notamos dos tendencias: la de excluir a los extranjeros y la de separar el remanente «santo» de Israel de la contaminación con otros pueblos. En la raíz de esta expulsión están los conceptos de puro/impuro, santo/profano. La santidad de Dios podía ser «ofendida» por la introducción de una cosa, un animal o una persona impura en el culto. Las mujeres extranjeras y sus hijos representaban un peligro porque borraban la separación entre el pueblo «santo» escogido por Dios y los pueblos gentiles contagiados por la impureza de la idolatría. Sin embargo, otros textos posexílicos, como Rut y Jonás, cuestionan estos conceptos. ¿Cómo podemos excluir a Rut de la congregación, siendo fiel y justa seguidora de Jehová? ¿En qué consiste la santidad, en la pertenencia por linaje o por convicción? Este debate se nota de nuevo en los encuentros entre Jesús y los escribas del Nuevo Testamento, y es un antecedente a la teología de Pablo, que nos dice que somos justificados por la fe y adoptados por medio del bautismo en Jesús.

Capítulo 3

Nehemías

«La benéfica mano de Dios estaba conmigo».
—Ne 2.9

Introducción

«La benéfica mano de Dios estaba conmigo». El libro de Nehemías nos presenta un personaje optimista frente a un reto muy grande: reconstruir los muros de Jerusalén a pesar de la oposición de los gobernadores que el imperio persa había establecido en la región. A este reto se suma la reforma religiosa de una población que había olvidado la ley de Jehová. Nehemías parte de la ciudad de Susa en Mesopotamia hacia Jerusalén, con la aprobación de Artajerjes, rey de los persas, para la proyectada reconstrucción de los muros. La reconstrucción de los muros asegura las vidas y posesiones de los habitantes de la ciudad, pero para el pueblo judío tiene un significado religioso: Dios ha recordado al pueblo después de los años de destierro, y se siente su protección, simbolizada por los muros. El libro de Isaías compara la restauración del pueblo de Israel con la restauración de los muros de una ciudad desolada, representada como una madre que se siente olvidada:

«Mas Sión dijo: Me dejó Jehová, y el Señor se olvidó de mí. ¿Se olvidará la mujer de lo que parió, para dejar de compadecerse del hijo de su vientre? Aunque se olviden ellas, yo no me olvidaré de ti. He aquí que en las palmas te tengo esculpida: *delante de mí están siempre tus muros*. Tus edificadores vendrán aprisa; tus destruidores y tus asoladores saldrán de ti. Alza tus ojos alrededor, y mira: todos estos se han reunido, han venido a ti. Vivo yo, dice Jehová, que de todos, como de vestidura de honra, serás vestida; y de ellos serás ceñida como novia. Porque tus asolamientos, y tus ruinas, y tu tierra desierta, ahora serán angostos por la multitud de los moradores; y tus destruidores serán apartados lejos. Aun los hijos de tu orfandad dirán a tus oídos: Angosto es para mí este lugar...» (Isaías 49.14-20).

La restauración de los muros era un símbolo de la generosidad y benevolencia de Dios. Sin embargo, al llegar a Jerusalén Nehemías se encuentra con una situación difícil porque la ciudad y sus habitantes son vulnerables. Como veremos en el comentario, Nehemías no enfoca solamente la oposición exterior, pero usa la reconstrucción de los muros como una manera de unir a los pobladores de la ciudad y establecer bases más justas para la comunidad que se restablecía en Jerusalén.

Contexto bíblico

Juntos los libros de Esdras y Nehemías relatan la historia del regreso y la reconstrucción del país: sus instituciones sociales, su culto y su población. La fecha en que Nehemías comenzó su misión fue el año 20 del reino de Artajerjes, o sea el 445 a. C. Los muros y las puertas de Jerusalén habían sido destruidos, probablemente por los enemigos que la rodeaban en esa época. Muchos biblistas piensan que el libro de Nehemías fue escrito por el mismo autor que Esdras, y posiblemente también de los dos libros de Crónicas. Así pues, Nehemías continúa la gran tradición que se encuentra en los libros históricos anteriores al destierro (1 y 2 Reyes, Josué,

Crónicas). Nehemías contiene muchos pasajes escritos en primera persona, y por eso el libro se describe como una «memoria»; pero el texto probablemente fue redactado y cambiado en etapas sucesivas entre el siglo 4 y el 5 a. C.

Personajes

Este libro nos presenta a los dos grandes personajes que llevan acabo la reconstrucción de Jerusalén y del templo: Esdras y Nehemías. Esdras es el líder religioso que restablece el verdadero culto a Jehová, mientras Nehemías es un líder político y militar que se enfoca en la reconstrucción de las defensas de la ciudad. Aunque Nehemías sea solamente un líder político-militar, el libro nos da un retrato de la gran fe que este personaje tenía en Jehová su Dios.

Nehemías

El nombre «Nehemías» significa «Jehová consuela» y, como veremos en este comentario, la reconstrucción de los muros de Jerusalén es un gran consuelo para la poca población que vivía en la ciudad. Según el mismo libro de Nehemías, este era un personaje importante en la corte de los reyes persas en Susa. Su posición era la de copero del rey, o sea una persona de gran confianza a la que el rey confía su propia seguridad, pues el copero probaba toda comida o bebida que el rey consumía. Pero la posición de copero era aún mas importante porque este era también el oficial que aconsejaba al rey en su gobierno del imperio. Así pues, Nehemías se encontraba en una posición privilegiada para ayudar a sus hermanos en Israel.

Artajerjes

Artajerjes, el rey persa al cual Nehemías sirve, es probablemente Artjerjes I Longimanus, quien reinó entre el 464 y el 424 a. C. Hubo tres reyes persas con este nombre, pero éste es el hijo de Jerjes (o Asuero), el rey degenerado que figura en el libro de Ester. Asuero fue asesinado por uno de sus capitanes y luego sus hijos lucharon entre sí para controlar su imperio. Finalmente, Artajerjes, el hijo menor, asesinó a sus hermanos y tomó el trono. Artajerjes murió en el 424 a. C., después de un reinado sin mucha distinción.

Esdras

Esdras, el sacerdote y escriba que vimos en el capítulo anterior aparece de nuevo en el libro de Jeremías.

El mundo social de Nehemías

La dispersión de los habitantes de Israel y Judá en las regiones controladas por Babilonia, y luego por los persas, les puso en contacto con las grandes civilizaciones de su época. Aunque muchos tuvieron que trabajar como esclavos, cierta clase social fue llevada a la corte de Babilonia y luego tratada con respeto por los persas cuando conquistaron el imperio babilónico.

El libro de Nehemías nos da una noción de las grandes distancias y culturas que encerraba el imperio persa. Susa es una de las ciudades más antiguas del mundo, situada a 250 kilómetros al este del río Tigris cerca de la desembocadura del golfo persa. Hay evidencia de que fue habitada hasta 7,000 años antes de Cristo. Susa es famosa por su religión politeísta. Fue una ciudad importante en los imperios de Elam, Babilonia y Persia, y es mencionada varias veces en la Biblia en los libros de Nehemías, Ester y Daniel. Estos libros nos muestran que los judíos en la época del exilio y posexilio estaban profundamente involucrados en la cultura politeísta de esta gran ciudad y de las otras ciudades de los imperios de Babilonia y Persia, pero al mismo tiempo trataban de permanecer fieles a su religión. Así vemos, por ejemplo, cómo los jóvenes en el libro de Daniel mantuvieron su fidelidad a las leyes de pureza en relación a la comida:

> «Daniel propuso en su corazón no contaminarse con la porción de la comida del rey ni con el vino que el bebía; pidió, por tanto, al jefe de los eunucos que no se le obligara a contaminarse. Puso Dios a Daniel en gracia y en buena voluntad con el jefe de los eunucos» (Daniel 1.8-9).

El imperio persa estaba dividido en satrapías y provincias que administraban los territorios conquistados anteriormente por Babilonia. Al extremo occidental del mundo persa se encontraba Jerusalén, una ciudad destruida y en vías de reconstrucción. Había sido gobernada por la provincia de Samaria, pero poco a poco iba independizándose –aunque con la oposición de otros gobernantes en el mundo persa.

Cuando los babilonios terminaron la conquista con la destrucción de Jerusalén, establecieron la provincia de Samaria. Deportaron a los habitantes de las ciudades, pero quedó cierto número de la población en los campos. A éstos se añadieron personas importadas de otros pueblos conquistados. Cuando los persas conquistaron el imperio de Babilonia, reorganizaron sus sectores administrativos. Samaria era el nombre de la provincia persa que gobernaba lo que antes había sido el reino de Israel –tanto el del norte como el del sur.

El texto de Nehemías sitúa el comienzo de los eventos que narra en el año 445 a. C., durante los meses de noviembre y diciembre, o sea aproximadamente 41 años después del comienzo del exilio. El texto nos da una indicación de la fragmentación que sufrió el pueblo de Israel: hubo los que fueron transportados a otras regiones y «los judíos que habían escapado, los que se habían salvado del cautiverio» (1.2). La misma familia de Nehemías parece haber sufrido, puesto que nos dice que «vino Hanani, uno de mis hermanos, con algunos hombres de Judá» (1.2). Como el libro de Esdras indica, la reconstrucción de la ciudad significó también la reconstrucción de toda una sociedad.

Estructura del libro

La Biblia Reina-Valera propone la siguiente división que sigue más o menos el desarrollo narrativo del libro de Nehemías, y que proveerá el bosquejo para el presente comentario. En ella vemos que el libro consta de dos partes principales: (1) la obra de reconstrucción en los capítulos 1-6, y (2) la reconstrucción religiosa descrita en los capítulos 7-13.

1. Oración de Nehemías por Jerusalén (1.1-11)
2. Artajerjes envía a Nehemías a Jerusalén (2.1-10)
3. Nehemías anima al pueblo a reedificar los muros (2.11-20)
4. Reparto del trabajo de reedificación (3.1-32)
5. Precauciones contra los enemigos (4.1-23)
6. Abolición de la usura (5.1-19)
7. Maquinaciones de los adversarios (6.1-19)
8. Nehemías designa dirigentes (7.1-4)
9. Los compañeros de Zorobabel en la repatriación (7.5-73)
10. Esdras lee la ley al pueblo (8.1-18)
11. Esdras confiesa los pecados de Israel (9.1-37)
12. El pueblo se compromete a guardar la ley (10.1-39)
13. Los habitantes de Jerusalén (11.1-24)
14. Lugares habitados fuera de Jerusalén (11.25-36)
15. Sacerdotes y levitas (12.1-26)
16. Dedicación del muro (12.27-43)
17. Porciones para sacerdotes y levitas (12.44-47)
18. Reformas de Nehemías (13.1-31)

Comentario

Como vimos anteriormente, el libro de Nehemías está compuesto de dos partes principales: (1) la reconstrucción de los muros de la ciudad, y (2) la lectura de la ley y la reforma de Nehemías. Estas dos actividades cimientan y aseguran el desarrollo del judaísmo del periodo que llamamos del «segundo templo». Estas son la religión y la cultura que, con la influencia adicional del mundo helenista o griego, encontramos en el tiempo de Jesús.

Oración de Nehemías por Jerusalén (1.1-11)

Las palabras del narrador sitúan a Nehemías en el tiempo (de noviembre a diciembre del año 445 a. C.) y el espacio (la ciudad de Susa), pero luego es la voz del mismo Nehemías la que narra la historia. El libro comienza con una oración de intercesión donde podemos ver el corazón de este personaje importante en la historia de la reconstrucción de Jerusalén. Nos dice que llegó su hermano Hanani con algunos hombres de Judá, y éstos le cuentan la difícil situación que vive la comunidad en Judá: «el muro de Jerusalén está en ruinas y sus puertas destruidas por el fuego». Nehemías reacciona con un profundo duelo –«me senté y lloré… por algunos días» –seguido por una oración de intercesión– «ayuné y oré delante del Dios de los cielos». La oración de intercesión recuerda la fidelidad de Dios, y la compara con la infidelidad del pueblo de Israel:

> «…Jehová, Dios de los cielos, fuerte, grande y temible, que guardas el pacto y tienes misericordia de los que te aman y observan tus mandamientos…. Confieso los pecados que los hijos de Israel hemos cometido contra ti… en extremo nos hemos corrompido contra ti y no hemos guardado los mandamientos, estatutos y preceptos que diste a Moisés… Acuérdate ahora de la palabra que diste a Moisés, tu siervo diciendo: <Si vosotros pecáis, yo os dispersaré por los pueblos, pero si os volvéis a mí y guardáis mis mandamientos y los ponéis por obra, aunque vuestra dispersión sea hasta el extremo de los cielos, de allí os recogeré y os traeré al lugar que escogí para hacer habitar allí mi nombre>».

Es por la fidelidad de Dios, y no por los méritos del pueblo, que Nehemías se atreve a orar ante Jehová. Nehemías sitúa la acción que va a tomar frente al rey persa dentro del plan de salvación de Jehová para su pueblo. Indica brevemente que su posición de copero lo pone al servicio del rey, pero esto también significa que es un hombre hábil y que tiene acceso a los permisos y a los materiales que se necesitan para llevar a cabo la reconstrucción de los muros de Jerusalén.

Como hemos visto, para los judíos en el exilio la reconstrucción fue un signo de la salvación y actividad de Dios en el mundo. El libro de Esdras desarrolla este punto de vista, sobre todo en cuanto al decreto de Ciro y su papel en el regreso de los primeros exilados a Jerusalén. En el libro de Nehemías esta teología es mucho menos evidente. Más bien se nota el punto de vista personal de Nehemías, quien da testimonio de cómo «la benéfica mano de Dios estaba conmigo». Aun así, la reconstrucción de los muros de Jerusalén fue un evento teológico –una prueba de la acción de Dios en el mundo.

Artajerjes envía a Nehemías a Jerusalén (2.1-10)

Cuatro meses después del encuentro con los hombres que venían de Jerusalén, el rey Artajerjes nota que Nehemías tiene un rostro triste. «¿Por qué está triste tu rostro?, pues no estás enfermo. No es esto sino quebranto de corazón». Parece que el rey conocía muy bien a su servidor. Nehemías probablemente había esperado el momento oportuno para lanzar su petición. La conversación sobre su estado de ánimo le da la oportunidad de pedir la ayuda del rey, y este le concede todo lo que pide.

Nehemías presenta sus cartas a «los gobernadores del otro lado del río», o sea a los gobernadores en las regiones al oeste del imperio persa. Pero aun con estos permisos del rey, la misión de Nehemías genera oposición por parte de Sanbalat el horonita y de Tobías el amonita.

Nehemías anima al pueblo a reedificar los muros (2.11-20)

Al llegar a Jerusalén, Nehemías se encuentra con un grupo de oficiales, sacerdotes y nobles que habían administrado la ciudad hasta ese momento. Ya conocía en general la situación, puesto que su hermano Hanani y los que lo acompañaron le habían dicho: «están en una situación muy difícil y vergonzosa. El muro de Jerusalén está en ruinas y sus puertas destruidas por el fuego». Su estrategia consiste en no revelar inmediatamente su misión, pero investiga la situación real de los muros de la ciudad: «Me levanté de noche, y yo y unos hombre conmigo, y no declaré a nadie lo que Dios había puesto en mi corazón que hiciera en Jerusalén...». Después les propone a los oficiales que la obra de reconstruir los muros y las puertas se acelerara, pero lo hace usando su propia experiencia, demostrándoles cómo Dios apoya la obra de reconstrucción:

«Vosotros veis la difícil situación en que estamos; Jerusalén está en ruinas y sus puertas consumidas por el fuego. Venid y reconstruyamos el muro de Jerusalén, para que ya no seamos objeto de deshonra. Entonces les declaré cómo la mano de mi Dios había sido buena conmigo, y asimismo las palabras que el rey me había dicho».

Una ciudad sin muros era una ciudad vulnerable al ataque de sus enemigos. Pero la muralla también tenía un significado teológico en el oriente antiguo. Las ciudades destruidas se describían como mujeres –hijas o madres– que habían perdido su honor, por haber sido violadas por sus enemigos. Estas descripciones se notan sobre todo en los libros proféticos. Citemos las Lamentaciones atribuidas al profeta Jeremías:

«Jehová determinó destruir
el muro de la hija de Sión,
tendió el cordel y no la retiró
su mando de la destrucción.
Hizo pues, que se lamentaran
el antemuro y el muro;
juntamente fueron desolados» (Lamentaciones 2.8).

La reconstrucción del muro era por lo tanto una indicación de que Jehová había perdonado e iba purificar la ciudad para luego morar en ella. Los salmos celebran esta acción salvífica de Jehová:

Ama Jehová las puertas de Sión
más que todas las moradas de Jacob.
¡Cosas gloriosas

se han dicho de ti,
ciudad de Dios!» (Salmo 87.2-3).

Los oficiales de Jerusalén responden con energía al testimonio de Nehemías y la reconstrucción comienza. Nehemías ha derrotado la oposición interior, pero ahora comienza la oposición externa. Los gobernadores del área se burlan de la reconstrucción y la interpretan como una rebelión contra el rey a pesar de que Nehemías ya les ha presentado las cartas de Artajerjes apoyando su obra (2.9). Esta burla es una estrategia para socavar la decisión y energía de los oficiales de Jerusalén. Nehemías no responde a los enemigos con una referencia al apoyo del rey, sino que más bien habla del apoyo de Dios: «El Dios de los cielos, él nos prosperará, y nosotros, sus siervos, nos levantaremos y edificaremos, porque vosotros no tenéis parte ni derecho ni memoria en Jerusalén».

Reparto del trabajo de reedificación (3.1-32)

En este capítulo Nehemías describe las áreas del muro y cómo fueron reconstruidas por diferentes grupos y familias. Entre ellos encontramos a los sacerdotes, quienes santifican las secciones que les han sido asignadas. Eliashib, el sumo sacerdote, y sus hermanos trabajan en la sección correspondiente a la puerta de las Ovejas y la torre de Hamea, o sea la sección donde se traían los animales «puros» que se usarían en los sacrificios del templo. En algunas partes, el muro tiene que ser «reconstruido» y en otras «reparado», lo que indica que había sufrido más en unas partes que en otras.

Precauciones contra los enemigos (4.1-23)

La burla de los que se oponen a la reconstrucción de los muros de Jerusalén se escucha una vez más. Esta vez, los opositores se dirigen a los pueblos y ejércitos de Samaria, minimizando de esta manera las capacidades de los que construyen: «¿Qué hacen estos débiles judíos? ...Lo que ellos edifican del muro de piedra, si sube una zorra lo derribará». Recientes hallazgos arqueológicos confirman que parte de los muros de Jerusalén fueron reconstruidos rápidamente en esta época. La construcción era útil, pero no perdurable.

Abolición de la usura (5.1-19)

En la reconstrucción de los muros de Jerusalén no se trata solamente de un monumento o edificio físico, sino de reconstruir una sociedad basada en los valores de la Tora, o sea la Ley. Los muros son un símbolo psicológico y real que les permite a los judíos defenderse de los enemigos que los maltratan. Sin embargo, existía entre ellos la usura, que causa graves problemas morales y económicos. Los oficiales y los nobles estaban usando su posición aventajada para esclavizar al pueblo cuando fallaban las cosechas o las familias caían en la necesidad. Entonces las familias se endeudaban, a veces hasta la bancarrota, y terminaban vendiendo a sus hijos o hijas como esclavos. Este tipo de injusticia había existido desde la época del rey Salomón, quien había esclavizado al pueblo para construir el primer templo y otros edificios públicos. Según Deuteronomio 15 y Levítico 25.10, no se podía tener esclavizado a un israelita por más de siete años, o esclavizarlo repetidamente por más de 49 años.

Nehemías restaura la justicia usando su propia vida como ejemplo: a pesar de la autoridad que le había concedido el rey de Persia, dice «nunca reclamé el pan del gobernador, porque la carga que pesaba sobre este pueblo era excesiva». Nehemías parece ser un líder que tiene mucha compasión por los pobres. Hay que recordar que al principio del libro se conmueve al escuchar la historia de la situación del pueblo que vive en Jerusalén, y que esto es lo que impulsa su misión.

Maquinaciones de los adversarios (6.1-19)

Los adversarios de Nehemías y su misión no dejan de hostigarlo. Tratan de intimidar a Nehemías acusándolo de rebelión contra el rey persa y sobornan a un falso profeta para recomendarle que se esconda en el templo. La estrategia es atemorizar a la población.

Tobías, uno de los adversarios, tiene amigos entre las familias en Jerusalén.

Nehemías designa dirigentes (7.1- 4)

Nehemías completa la misión de reconstruir los muros y las puertas de Jerusalén. Comenta que la ciudad era «espaciosa y grande porque había poca gente dentro de ella». Una vez terminados los muros, los habitantes podían comenzar la construcción de casas y edificios públicos. Nehemías también instituye una guardia oficial y una rutina para mantener la seguridad de la ciudad.

Los compañeros de Zorobabel en la repatriación (7.5-73)

Aquí el libro de Nehemías retoma la lista genealógica que se encuentra en Esdras 2.1-70. ¿Cómo encaja esta secuencia con los eventos que vemos en el libro de Esdras? Existe un gran debate entre biblistas sobre este tema. Aquí damos dos posibilidades:

1. La historia del ministerio de Esdras se interrumpe con la historia de Nehemías, y el capítulo 8 es una continuación del ministerio de Esdras.

2. Esdras fue a Babilonia y regresó otra vez para reiniciar su ministerio.

No podemos saber con certidumbre, entres estas dos posibilidades, qué fue lo que realmente sucedió.

El capítulo 7 comienza con un discurso en primera persona, como si Nehemías se estuviese hablando:

> «Entonces puso Dios en mi corazón que reuniera a los nobles, a los oficiales y al pueblo, para que fueran empadronados según sus familias. Y hallé el libro de la genealogía de los que habían subido antes, y encontré que en él se había escrito así… ».

Sin embargo, este capítulo resume la genealogía que se encuentra en Esdras 2, usando la misma estructura social. La lista comienza con «los hijos de provincia» que Nabucodonosor había llevado al destierro, y sigue con los hombres del pueblo de Israel, sacerdotes, levitas, cantores, porteros, sirvientes del templo, hijos de los siervos de Salomón, los que no podían probar su parentela en las listas genealógicas, y finalmente, toda la congregación. La lista termina con detalles sobre las ofrendas dadas por cada grupo. Esta genealogía sirve como una transición de la reconstrucción de los muros a la ceremonia de la alianza de Dios con su pueblo. Después sigue la dedicación de los muros, para que Jehová more una vez más con su pueblo en la ciudad.

Esdras lee la ley al pueblo (8.1-18)

En este capítulo la voz del narrador retoma la historia, describiendo una ceremonia en la cual los sacerdotes leen y explican la ley al pueblo. Es una de las raras veces en el Antiguo Testamento en que se declara explícitamente que las mujeres (y todos los que podían entender) estaban presentes durante una ceremonia religiosa. Esdras «leyó en el libro delante de la plaza que está delante de la puerta de las Aguas, desde el alba hasta el medio día, en presencia de hombres y mujeres y entendidos; y los oídos de todo el pueblo estaban atentos al libro de la ley». Esta ceremonia de lectura de la ley ocurre en la historia en los momentos en que se reinicia la alianza entre Dios y su pueblo. Josué mandó a los sacerdotes para que leyeran la ley en el monte Ebal, antes de iniciar la conquista de la tierra prometida (Jos 8.30-35). Moisés leyó la ley en el momento en que se estableció la alianza en el desierto.

Esdras y los levitas no solamente leen la ley, sino que también la explican. No todos los que escuchaban comprendían, puesto que era una población compuesta por los que habían vivido en Jerusalén antes del destierro y todos los que habían nacido fuera de Judá. No toda la población había tenido acceso a enseñanzas sobre la ley. Así pues, era necesario no solamente leerla, sino explicarla. Los biblistas no están seguros a qué se refiere la «ley de Esdras» porque no están seguros de cuál fue exactamente el proceso por el cual la tradición oral de los primeros cinco libros de la Biblia se convirtió en un texto escrito. La «ley de Esdras» puede referirse a todo el Pentateuco, a algunas de las leyes en el Pentateuco, o solamente al libro de Deuteronomio.

La lectura de la ley provoca una profunda tristeza en el pueblo, a tal punto que los oficiales y sacerdotes tienen que animarlos para que festejen: «Entonces el gobernador Nehemías, el sacerdote y escriba Esdras y los levitas que hacían entender al pueblo dijeron a todo el pueblo: <Hoy es día consagrado a Jehová, nuestro Dios; no os entristezcáis, ni lloréis>; pues todo el pueblo lloraba oyendo las palabras de la ley». Al leer la ley, el pueblo y los líderes celebraron de nuevo el festival de Sukkot, también conocido como la fiesta de las cabañas o tabernáculos. Como vimos en el libro de Rut, este festival celebraba –el día quince del séptimo mes– el final del ciclo agrícola. Era un festival en el cual los judíos subían al templo para ofrecer los frutos de sus cosechas. También recordaba el tiempo en el que el pueblo de Israel caminaba por el desierto (Levítico 23). La gente construía y habitaba en cabañas que representaban las tiendas en las cuales habitaron durante las peregrinaciones en el desierto en la experiencia del Éxodo.

«Salió pues el pueblo, y trajeron, e hiciéronse cabañas, cada uno sobre su terrado, y en sus patios, y en los patios de la casa de Dios, y en la plaza de la puerta de las Aguas, y en la plaza de la puerta de Efraín. Y toda la congregación que volvió de la cautividad hizo cabañas, y en cabañas habitaron; porque desde los días de Josué hijo de Nun hasta aquel día, no habían hecho así los hijos de Israel. Y hubo alegría muy grande. Y leyó Esdras en el libro de la ley de Dios cada día, desde el primer día hasta el postrero; e hicieron la solemnidad por siete días, y al octavo día congregación, según el rito» (Neh 8.16-18).

Según el Nuevo Testamento (Jn 7.2), Jesús apareció en el templo durante este festival, y explicó la ley, aunque sus enemigos lo acosaban y querían matarlo. La lectura de la ley era una parte importante del rito, especialmente cuando este festival se celebraba después de muchos años de olvido.

Esdras confiesa los pecados de Israel (9.1-37)

Generalmente el festival de Sukkot precedía a Yom Kippur, el día de la Expiación de los pecados cometidos durante el año –uno de los días más solemnes en el calendario litúrgico judío. En este día, la congregación entera confesaba sus pecados ante Jehová:

«Y habló Jehová á Moisés, diciendo: Empero a los diez de este mes séptimo será el día de las expiaciones: tendréis santa convocación, y afligiréis vuestras almas, y ofreceréis ofrenda encendida a Jehová. Ninguna obra haréis en este mismo día; porque es día de expiaciones, para reconciliaros delante de Jehová vuestro Dios. Porque toda persona que no se afligiere en este mismo día, será cortada de sus pueblos. Y cualquiera persona que hiciere obra alguna en este mismo día, yo destruiré la tal persona de entre su pueblo» (Lv 23.26-30).

La confesión de pecados en este capítulo de Nehemías recuerda la relación de Jehová con su pueblo desde el Éxodo hasta el presente. La oración enfatiza la esclavización del pueblo, fruto del pecado contra Jehová. Al final de la oración, el pueblo hace una nueva alianza con Dios: «A causa, pues, de todo eso, nosotros hacemos fiel alianza, y la escribimos, firmada por nuestros gobernantes, por nuestros levitas y por nuestros sacerdotes» (Neh 9.38).

El pueblo se compromete a guardar la ley (10.1-39)

Este capítulo resume la reforma y restauración del culto de Jehová en Jerusalén. Todo el pueblo se compromete a guardar la ley, y esto incluye guardar los mandamientos acerca de la conducta de la persona y también las leyes que gobernaban el diezmo y las contribuciones para los sacrificios del templo.

Los habitantes de Jerusalén (11.1-24)

La ciudad y su templo estaban reconstruidos, pero faltaba quien la poblara. El resto de la población sacrifica a una persona de cada diez –o sea el «diezmo» de la población– para habitar en la ciudad y mantener el templo. La lista que sigue es similar a la que se encuentra en 1 Cronicas 9. 2-17. En ella encontramos dos tribus –Judá y Benjamín– que antes del destierro ocupaban el reino del sur y también la lista de los oficiales que mantenían el templo: sacerdotes, levitas, porteros y servidores del rey.

Lugares habitados fuera de Jerusalén (11.25-36)

Estos versículos resumen los lugares rurales donde vivían los pobladores que sostenían a la población de Jerusalén con sus labores y sus productos. Esto sirve como una transición para hablar del sacerdocio y de la reforma del sacerdocio que Nehemías llevará a cabo en el capítulo 13.

Sacerdotes y levitas (12.1-26)

Eliashib es el sumo sacerdote en la época de Nehemías, y es nieto de Jesúa, quien acompañó a Zorobabel en la primera repatriación en los últimos años del siglo. Nehemías gobierna en Jerusalén de 445 a 433 a. C., y por lo tanto el narrador trata de establecer el vínculo entre los oficiales del templo en tiempo de Nehemías, los que existían en el tiempo de Zorobabel, y los que vivieron antes del destierro, durante el reino de Joiacim, el penúltimo rey de Judá. De esta manera, el libro de Nehemías establece una conexión ininterrumpida con el culto que existió en Jerusalén antes del exilio.

Dedicación del muro (12.27-43)

La dedicación de los muros de Jerusalén es un momento de gozo y celebración para el pueblo de Israel. Por muchos años, durante el exilio, los judíos habían lamentado la destrucción de estos muros y su desolación como símbolo del abandono de Dios. Según el profeta

Isaías, la reconstrucción y estabilidad de los muros significaba la protección de Dios:

«Pero Sión ha dicho: <Me dejó Jehová, el Señor se olvidó de mí>.
<¿Se olvidará la mujer de lo que dio a luz, para dejar de compadecerse del hijo de su vientre?
¡Aunque ella lo olvide,
yo nunca me olvidaré de ti!
He aquí que en las palmas de las manos te tengo esculpida:
delante de mí están siempre tus muros.
Tus edificadores vendrán aprisa;
tus destruidores y asoladores se marcharán.
Alza tus ojos alrededor, y mira:
todos estos se han reunido, han venido a ti.
Vivo yo, dice Jehová,
que de todos, como de vestidura de honra,
serás vestida;
y de ellos serás ceñida como novia>» (Isaías 49.14-8).

El salmo 51 relaciona la restauración de los muros con el perdón de los pecados y con un culto que comienza con un corazón contrito y quebrantado:

«Los sacrificios de Dios son el espíritu quebrantado;
al corazón contrito y humillado no despreciarás tú, oh Dios.
Haz bien con tu benevolencia a Sión.
Edifica los muros de Jerusalén.
Entonces te agradarán los sacrificios de justicia,
el holocausto u ofrenda del todo quemada;
entonces se ofrecerán becerros sobre tu altar» (Sal 51.18-9).

La presencia de los muros restaurados significaba la inauguración de una nueva relación de Jehová con su pueblo. Así pues, vemos en el libro de Nehemías una ceremonia de dedicación de los muros, en la cual participan los sacerdotes, levitas, oficiales y pobladores de la ciudad. Hasta las mujeres y los niños se mencionan en el texto. La ceremonia termina en el templo, donde se ofrecen sacrificios en este día festivo.

Porciones para sacerdotes y levitas (12.44 -47)

Las porciones para los sacerdotes y levitas son muy importantes para el autor de Nehemías, porque ellos tienen la responsabilidad de perpetuar el culto y la memoria de pueblo. Las porciones continúan la tradición establecida en la ley, que supuestamente data desde el tiempo de Moisés y Aarón: «Esta es la porción de Aarón y la porción de sus hijos, de las ofrendas que se queman a Jehová, desde el día en que él los consagró para ser sacerdotes de Jehová» (Lv 7.35). El texto de Nehemías frecuentemente dirige la mirada del lector a la continuidad entre los sacerdotes y levitas de la época de Nehemías, y los que existían en la época de las grandes personalidades del pasado. Aquí el autor menciona a David y Salomón, los dos grandes monarcas en cuyos reinos se estableció la liturgia del primer templo. El culto en este segundo templo no es una innovación, sino una continuación del culto en el primer templo, y por lo tanto una continuación de la relación entre Jehová y su pueblo.

Reformas de Nehemías (13.1-31)

Dios desea un pueblo santo —es decir, un pueblo que ha sido apartado del pecado y la injusticia. En este capítulo vemos la reforma que Nehemías emprendió para purificar el culto rendido a Jehová en la nueva nación reconstruida. En este capítulo se escucha la pregunta: «¿Quién pertenece y quién no pertenece al pueblo de Dios?». Sale a relucir la prohibición que hemos visto en el libro de Esdras contra la participación de los extranjeros en el culto a Jehová. En la ausencia de Nehemías, quien había regresado a Persia, el sumo sacerdote Eliashib había hecho parentela (casado a una hija) con Tobías, el amonita y antiguo enemigo de la ciudad, y luego lo había admitido a los recintos del templo. Esto fue un pecado contra la santidad del espacio –o sea que había profanado el templo de Jehová con la presencia de una persona extranjera que no estaba incluida en la alianza del pueblo con su Dios. Eliashib había actuado como antes lo había hecho el rey Salomón, introduciendo a extranjeros, quienes luego conducirían al pueblo hacia el pecado. La gravedad de este pecado se nota en la violenta reacción de Nehemías: «Esto me dolió mucho, y arrojé todos los muebles de la casa de Tobías fuera de la habitación, luego mandé que limpiaran las habitaciones e hice volver allí los utensilios de la casa de Dios, las ofrendas y el incienso».

La ausencia de Nehemías creó un vacío en el liderazgo de la ciudad. Cuando regresó tuvo que emprender varias reformas para reconstruir el culto y la identidad nacional. Entre ellas están la expulsión de los extranjeros de los recintos del templo; la restauración de las porciones de los levitas para que continuara el culto en el templo; el restablecimiento de la santidad del sábado, y la expulsión de mujeres extranjeras por medio de las cuales el pueblo perdía su lengua e identidad. Después de cada reforma Nehemías le pide a Dios que recuerde su acción –que sus actos justos o *mikvas* sean recordados– para que él mismo reciba la misericordia de Dios. Todas estas medidas contribuyeron a sostener la identidad judía hasta la época del Nuevo Testamento y aún sostienen al judaísmo en nuestros días.

¿Por qué leer el libro de Nehemías hoy en día?

El libro de Nehemías ha sido leído a menudo como un manual de liderazgo cristiano. Nehemías es un hombre piadoso que ora antes de iniciar un gran proyecto para el beneficio del pueblo de Dios. Es también un reformador que restaura el verdadero culto a Jehová, pero sus reformas son difíciles de aceptar en nuestros días porque excluyen a los extranjeros o gentiles. Si se implementaran estas leyes en nuestra época, la mayoría de los latinos quedaríamos excluidos del culto. En el Nuevo Testamento, especialmente en Hechos y en las cartas de San Pablo, vemos una reacción a esta idea de tener que ser buen judío por medio de la circuncisión antes de ser cristiano. Para los judíos, la expulsión del extranjero era necesaria para conservar su cultura y su religión, pero para el cristiano no lo es, porque nuestra identidad viene de Cristo, el hombre perfecto, quien cumple la ley y nos incorpora al culto santo y justo ante Dios.

Aunque los cristianos no vivimos aplicando la ley de la misma manera, el libro de Nehemías es una valiosa lección que nos enseña lo que ocurre cuando un pueblo es unido por un proyecto social, iniciado por Dios. ¡Se logra lo imposible! Para nosotros los hispanos, el libro de Nehemías es un reto, por nuestra diversidad, ya que venimos de diecinueve países –con todas sus variaciones culturales– a integrarnos en la cultura de Norteamérica. Podemos preguntarnos: ¿Qué proyecto social, iniciado por Dios, nos une en esta sociedad? ¿Existe un proyecto social iniciado por Dios en Norteamérica? Si es así, ¿cómo podemos unirnos a él para que nuestra presencia sea un bendición en esta nación? Quizás nuestro simple testimonio, como el de Nehemías –«Entonces les declaré cómo la benéfica mano de Dios había sido buena conmigo...»– podría desencadenar algo al parecer imposible: la santificación de este lugar.

Capítulo 4

Ester

«Oh rey, si he hallado gracia en tus ojos, y si place al rey, que se me conceda la vida: esa es mi petición; y la vida de mi pueblo: ese es mi deseo».
—Est 7.3

Introducción

«Si he hallado gracia en tus ojos...». Tanto Rut como Ester utilizan esta expresión para pedir ayuda y misericordia a un hombre poderoso. En ambos casos las mujeres pertenecen a un pueblo que siente el peso de la discriminación: para Rut, ser moabita en Israel puede ser un obstáculo, y para Ester el ser judía en la corte del rey persa podría costarle la vida. El libro de Ester nos muestra cómo un pueblo pequeño que se encuentra sumergido en un inmenso y sofisticado imperio debe maniobrar para sobrevivir. Los personajes en este libro tienen nombres babilónicos, pero a la vez conservan sus nombres hebreos; participan en la sociedad, pero minimizan o esconden su identidad judía hasta que una crisis provoca su descubrimiento.

El libro de Ester cuenta la liberación del pueblo judío de la muerte decretada por sus enemigos, un suceso que todavía se celebra en los comunidades judías como la festividad del Purim.

Contexto bíblico

La historia del libro de Ester se sitúa en la corte de Asuero (485-465 a. C.), en Susa, la ciudad donde los reyes persas pasaban el invierno. El libro de Ester, junto con el de Tobías, nos da una imagen de las comunidades judías que permanecieron en Babilonia aun después de que Ciro el grande decretó que los judíos podían regresar a Jerusalén. En algunos casos los judíos prosperaron y hasta llegaron a ocupar cargos importantes en el gobierno persa. Representan por lo tanto las comunidades que convivían en el mundo pagano con culturas extranjeras, pero que a la vez mantenían su identidad judía.

El libro relata una historia situada en la época persa, pero probablemente redactada cuando esa época comenzaba a claudicar. La versión hebrea del libro probablemente fue escrita hacia la mitad del siglo V a. C., pero la griega –que contiene más material, y se refiere explícitamente a Jehová–, fue editada a principios del segundo siglo II a. C. Muchos biblistas dudan que este libro sea una historia real, pero sí es posible que los dos personajes principales hayan existido en la época persa. El libro de Ester se enfoca en la vida de los judíos dispersos en el imperio persa. No hay ninguna mención de Jerusalén, del culto a Jehová, de la ley, ni de la provincia persa de Yehud que se formó en el antiguo reino de Judá.

El libro de Ester fue escrito para desarrollar temas importantes para la nación judía tras varias generaciones de vida en el destierro:

1) ¿Cómo permanecer fiel al culto de Jehová en un imperio pagano?

2) ¿Cómo sobrevivir en una situación de discriminación?

3) ¿Cómo participar plenamente en la sociedad en la que viven exilados, y a la cual comienzan a adaptarse las generaciones más jóvenes?

Estos temas son importantes hoy para las comunidades latinas que emigran hacia el norte por necesidad económica, por la violencia o por la injusticia política que les impulsa hacia el destierro. Es una decisión que cambia al inmigrante, pero que también transforma a su descendencia.

Personajes
Ester

El personaje principal de este libro es la reina Ester, una joven judía escogida entre otras mujeres para ser esposa del rey persa. La historia de su ascendencia al poder es como la de la Cenicienta: una joven desfavorecida que, a pesar de su situación social, por su belleza o su sabiduría llega a la cima del poder. Detrás de su ascendencia esta el sabio consejo de su tío Mardoqueo, quien le hace ver que Jehová la ha puesto en una posición exaltada en la sociedad para poder ayudar a su pueblo. Ambos personajes tienen un nombre babilónico y un nombre hebreo, lo que puede indicar una familia que se ha asimilado muy bien a la cultura de Mesopotamia.

Ester es una joven judía cuyo nombre se deriva del nombre de la diosa Istar de Babilonia. Sin embargo, como muchos judíos, la joven también tiene un nombre judío –*Hadasa*– que significa mirto. Esta joven es parte de las heroínas celebradas en la Biblia –Deborah, Judit, Jael y otras– por los riesgos que toman para salvar a su pueblo de la aniquilación.

El libro de Ester nos dice que Ester era huérfana de padre y de madre, y que había sido adoptada por su tío Mardoqueo. Esta joven aprende a navegar entre los peligros de la corte persa, haciéndose amiga de los eunucos que sirven en ella. Sabe manejar sabiamente a los hombres –especialmente a Asuero, su esposo, y a Amán, el enemigo de su pueblo. Al ser escogida para ser la reina de Asuero, su situación de huérfana dependiente de su tío se invierte, y ella llega a la cima del poder. Ester asciende a tal punto que puede administrar propiedades, promulgar decretos y ayudar o destruir la carrera de los cortesanos alrededor del rey.

Mardoqueo

Mardoqueo es el nombre babilónico de este personaje, y se deriva del nombre del dios Marduk, descrito como el enemigo acérrimo de Jehová en otros textos bíblicos. Mardoqueo puede haber sido descendiente del Saúl (1 S 9, 1-2), el rey que fue destituido por David y cuyo linaje supuestamente pereció muchos siglos antes de la época posexílica.

Mardoqueo asciende en el libro de su posición como judío rechazado por Amán, el consejero del rey y guardián la huérfana Ester, hasta convertirse en consejero de la reina, salvador de la vida de Asuero y, finalmente, el principal consejero del rey.

Vasti

Esta reina aparece muy brevemente en el primer capítulo del libro de Ester. Su desobediencia hacia el rey –se niega a aparecer ante él en un banquete– le cuesta su posición como reina. Hadasa, o sea Ester, la suplanta y no se escucha más de ella en el libro.

¿Qué perdió Vasti al ser reemplazada como reina? La reina en el imperio persa ocupaba el segundo lugar en el reino después de la madre del rey. Según textos descubiertos por la arqueología, las reinas tenían propiedades y autoridad para manejarlas. Esta autoridad estaba sujeta a la del rey, pero aun así representaba cierta libertad para la reina. Existen textos que describen viajes que las reinas emprendían para administrar propiedades y recoger impuestos y alquileres de sus súbditos. La reina participaba en los banquetes preparados por el rey, y también podía dar sus propios festines.

Los banquetes de los reyes persas eran legendarios por la cantidad y variedad de comidas que se servían. Duraban varios días, puesto que el número de días indicaba la generosidad de quien los daba. Al negarse a aparecer en el banquete, Vasti probablemente perdió sus privilegios, incluyendo acceso al rey y algunas o todas sus propiedades.

Asuero

Asuero es el nombre hebreo de Xerxes, quien reinó entre el 485 y el 465 a. C. Este rey persa continuó las conquistas de su padre Darío, quien había suprimido rebeliones en Babilonia y había conquistado Egipto con un ejército profesional. Asuero trató de conquistar las ciudades griegas, pero fracasó, y nunca se responsabilizó de este fracaso. Poco a poco su reino cayó en un estado de corrupción extremo –síntoma de lo cual fue el apetito excesivo que Asuero tuvo hacia las mujeres, lo cual se nota en la historia de Ester. Heródoto, el historiador griego, cuenta que tan grande era el apetito de Asuero por las mujeres, que concibió una gran pasión por la esposa de su hermano y después por su sobrina. El imperio persa comenzó a tambalearse. Según Cresias, otro historiador griego, Asuero fue asesinado por un comandante del ejército persa, con la ayuda del eunuco que cuidaba su sala de dormir.

Amán

Amán, hijo de un agagueo –o sea, descendiente de Agag, rey de los amalecitas– es el enemigo acérrimo de Mardoqueo. Su parentela es una referencia sutil a un grave conflicto histórico entre Saúl, primer rey de Israel, y los amalequitas. Saúl había recibido la orden de Jehová de aniquilar a todos los amalecitas porque habían atacado a Israel cuando salía de Egipto. En una guerra santa, toda la población –y sus pertenencias, incluyendo lo mejor–, tenía que ser destruida, pues Saúl había recibido esa orden de Jehová. La aniquilación completa era una «ofrenda» a Jehová, que pagaba la ofensa que recibió el pueblo de Israel cuando los amalequitas los atacaron cuando salían de Egipto (1 S 15.1-4). Sin embargo:

«Saúl derrotó a los amalecitas desde Havila hasta Shur, que está al oriente de Egipto. Capturó vivo al rey Agag, rey de Amalec y a todo el pueblo lo mató a filo de espada. Pero Saúl y el pueblo perdonaron a Agag, y a lo mejor de sus ovejas y del ganado mayor, de los animales engordados, de los carneros y de todo lo bueno, y no lo quisieron destruir. Destruyeron todo lo que era vil y despreciable» (1 S 15.8-9).

O sea que Saúl y el pueblo se quedaron con todo lo mejor de sus enemigos. Por esta razón, Saúl es rechazado por Jehová. Como hemos visto, Mardoqueo era descendiente de Saúl, y este hecho puede explicar el odio de Amán hacia los judíos.

Zeres

Zeres es la tercera mujer que aparece en el libro de Ester. Es la mujer de Amán, el enemigo de Mardoqueo y de los judíos. Durante la narración, ella aparece dándole consejos negativos a su esposo. Le aconseja que construya una horca para Mardoqueo y le advierte que perderá su vida ante la ascendencia de su enemigo.

El mundo social del libro de Ester
El imperio persa

El libro de Ester comienza con la siguiente cita: «Aconteció en los días de Asuero, el Asuero que reinó desde la India hasta Etiopía...» (Es 1.1). El imperio persa se había extendido hacia el este, hasta India y hasta el suroeste, donde incluía la región Sirio-Palestina, y Egipto. Durante veinte años los persas trataron de conquistar también las ciudades griegas, pero éstas pudieron derrotar los ataques de Asuero. Según el poeta griego Esquilo, los griegos ganaron la decisiva batalla naval de Peloponesia porque Asuero escuchó el consejo de un traidor y atacó las fuerzas navales griegas en las angostas aguas de Salamina, donde sus barcos tenían la desventaja de no ser muy maniobrables. Aunque no había perdido la batalla completamente, Asuero, lleno de cólera, dio la orden de que todos los capitanes fenicios de sus barcos fueran ejecutados y perdió así la lealtad de sus marineros. Poco después retiró sus fuerzas para regresar a Babilonia, donde le amenazaba otra rebelión. El fracaso de Asuero no figura con mucho brillo en las crónicas de Persia, pero sí contribuyó a la unificación del mundo griego, que siglos más tarde conquistó al imperio persa.

Susa, la ciudad en que se desarrolla la historia de Ester, fue usada por Ciro el grande como la capital del imperio persa, especialmente durante los meses de invierno. Esta ciudad, situada en la ruta entre Persia, Mesopotamia y Asia Menor, fue una encrucijada militar, económica y cultural. La antigua Susa fue tanto una fortaleza (para proteger el tesoro real) como un palacio para los reyes persas. Las descripciones de las suntuosas decoraciones de los palacios persas han sido confirmadas por descubrimientos arqueológicos. Siglos después del reino de Asuero, cuando el imperio persa cayó en manos de Alejandro Magno, dice una leyenda que Alejandro ocupó veinte mil mulas y diez mil camellos para transportar el tesoro que encontró en la ciudad, y que aun así quedó una buena parte de lo que sobraba en la ciudad.

La opulencia de Susa, y su contacto con otras culturas, no es la experiencia de todos los judíos en el destierro. El mismo texto de Ester dice que «hay un pueblo en tu reino esparcido y distribuido entre los pueblos de todas las provincias...» (3.8), y también describe las condiciones menos ventajosas en las que vivían los judíos: los que vivían en provincias, los que vivían en ciudades fortificadas y los que vivían en aldeas sin muros.

En la corte de los reyes persas, así como en otros imperios del oriente antiguo, los pueblos conquistados no quedaban excluidos de los círculos del poder. Así vemos que existía la posibilidad de ascender hacia la cima del poder, como lo hace Mardoqueo en Persia, y Nehemías y Daniel en la corte de Babilonia.

La religión Yavista en el destierro

El contacto con otras culturas y el desplazamiento físico también trajeron consigo un cambio teológico. En la época de los jueces y de la monarquía temprana, cada dios en el oriente antiguo gobernaba su «territorio». Así, por ejemplo, el dios Marduk había pertenecido a los asirios y babilonios, y su templo se encontraba en Babilonia. Cuando estos imperios conquistaban otros pueblos, también conquistaban al dios o a los dioses de esos pueblos extranjeros. El símbolo de la conquista de otro dios era la destrucción de su templo y de su culto, y la captura de los tesoros de su templo.

Con el decreto de Ciro, el imperio persa permitió que cada dios «regresara» a su territorio, pero, como hemos visto, el culto de ese dios tenía que orientarse hacia el bien del imperio y del rey. El decreto de su sucesor, Darío, dice:

«Lo que sea necesario… para holocaustos al Dios del cielo… conforme a lo que dicen los sacerdotes que están en Jerusalén, les sea dado día por día sin obstáculo alguno, a fin de que ofrezcan sacrificios agradables al Dios del cielo, y oren por la vida del rey y por sus hijos» (Esd 6.9).

En el libro de Ester, que relata las experiencias de una comunidad judía en el destierro, notamos algo curioso: las referencias a Jehová, a su ley, a sus promesas, a la preocupación por la pureza e impureza de alimentos y a la identidad de los que pertenecen a su pueblo por medio de genealogías no son explícitas.

¿Qué puede decirnos esto sobre la práctica de la religión entre los judíos? Es posible que el libro de Ester presente la vida de judíos «asimilados» que no practicaban su religión abiertamente, y se incorporaban a la sociedad usando nombres babilónicos. Sin embargo, en última instancia seguían siendo judíos.

Estructura del libro

La división del libro de Ester que propone la Reina-Valera muestra cómo la humillación y la exaltación de las personas juegan un papel importante en la sobrevivencia de los pueblos. «Hallar gracia ante los ojos de rey» es el juego de que todos deben participar para poder sobrevivir –tanto los judíos como sus enemigos, y tanto los hombres como las mujeres.

En el libro de Ester, basado en la versión hebrea (que es la que sigue la versión de Reina- Valera) no encontramos a Jehová como personaje principal. Su ausencia –excepto cuando se le menciona en oración o en acción de gracias– es importante y hasta sorprendente. Por esta razón, la versión griega añade material que se refiere más explícitamente a Dios.

Versión hebrea	Material anadido por la versión griega
• Vasti desobedece a Asuero	• Mardoqueo sueña el complot de dos eunucos contra Asuero
• Ester es proclamada reina	
• Mardoqueo denuncia una conspiración contra el rey	• Texto del edicto de Asuero ordenando la muerte de los judíos
• Amán trama la destrucción de los judíos	• Las oraciones de Mardoqueo y Ester para evitar la tragedia
• Ester promete interceder por su pueblo	• Descripción de la aparición no autorizada de Ester ante Asuero
• El banquete de Ester	• Texto del edicto contra la destrucción de los judíos
• Amán rinde honores a Mardoqueo	
• La muerte de Amán	• Interpretación del sueño de Mardoqueo
• Decreto de Asuero a favor de los judíos	
• Los judíos destruyen a sus enemigos	
• La fiesta de Purim	
• Mardoqueo exaltado por Asuero	

La falta de referencias a Jehová y su culto quizás contribuyó a que el libro de Ester no fuera considerado parte del canon judío hasta el siglo tercero de nuestra era. La iglesia cristiana en el oeste aceptó el libro de Ester en el siglo cuarto, y las iglesias orientales no lo aceptaron hasta el octavo.

Comentario

La historia de Ester es un sube y baja en el que un personaje es exaltado y otro humillado. Todo gira alrededor del beneplácito del rey, quien tiene poder sobre la vida o muerte sobre sus súbditos. Pero Asuero parece dudar de su poder –y con razón, porque el libro de Ester describe un atentado contra el rey por parte de sus eunucos, o sea de los servidores más allegados a él. Esto puede indicar que a pesar de su ostentación y muestras de poder, Asuero se sentía inseguro –una debilidad que sus consejeros trataron de usar y cultivar para destruir a Mardoqueo y a todos los judíos. Nadie podía acercarse al rey sin haber recibido permiso. Esta prohibición sin duda existía para proteger a su persona –otro indicio de que tenía que protegerse de los que quisieran suplantarlo.

Vasti desobedece a Asuero (1.1-22)

El libro de Ester comienza describiendo un evento calculado por el rey Asuero para despampanar a todos los poderosos del imperio persa: «para mostrarles por mucho tiempo, ciento ochenta días, el esplendor de la gloria de su reino, y el brillo y la magnificencia de su poder». El rey exhibe su poder por medio de banquetes, pompa y ostentación, no solamente frente a otros gobernantes, sino también ante los habitantes de Susa. El último «brillo» es demostrar la belleza de las mujeres de su harén –especialmente la reina– puesto que el tamaño de su harén, su lujo y la belleza de sus mujeres reflejaban el poder y la virilidad del rey. En esto, Asuero actuaba como cualquier otro monarca del oriente antiguo (véase por ejemplo al rey Salomón en 1 Reyes 10 y 11).

La reina Vasti desobedece la orden de su marido al presentarse en el banquete de los hombres, desprestigiando así a su marido frente a «todos los príncipes y cortesanos... los poderosos de Persia y Media, gobernadores y príncipes de provincia». No sabemos por qué la reina tomó esta decisión, pero exhibirse en un banquete donde «el vino corría en abundancia, como corresponde a un rey» no pudo haber sido muy agradable. Su desobediencia le cuesta el trono, pues nunca más pudo presentarse frente al rey, quien comenzó inmediatamente la búsqueda de otra reina.

En este capítulo, la incertidumbre sobre el poder del rey se convierte en una incertidumbre compartida por todos los hombres del reino:

> «...esta acción de la reina llegará a oídos de todas las mujeres, y ellas tendrán en poca estima a sus maridos diciendo: «El rey Asuero mandó que llevaran ante su presencia a la reina Vasti, y ella no fue». Entonces las señoras de Persia y de Media que sepan lo que hizo la reina, se lo dirán a todos los príncipes del rey, y eso traerá mucho menosprecio y enojo» (Est 1.17-18).

El decreto del castigo de Vasti, interpretado por el narrador, es aun más directo: «envió cartas a todas la provincias... diciendo que todo hombre afirmara su autoridad en su casa...». Vasti desparece por este decreto, pero el temor de que los hombres perdieran su autoridad permanece.

Ester proclamada reina (2.1-18)

Asuero queda sin reina, es decir, sin esposa oficial, pero tenía una casa llena de concubinas. Es en este momento que Ester, llamada Hadasa o Mirto, aparece en la historia. Mardoqueo le dice que no revele su pueblo ni su parentela —detalle que puede indicar la situación precaria en que vivían los judíos en el reino persa. Al colocar a Ester entre las jóvenes de las que el rey iba escoger, Mardoqueo maquina para tener en la corte a alguien que pueda ayudar a su pueblo cuando haya necesidad.

Ester tiene que ganarse al eunuco Hegai, encargado de las mujeres, antes de presentarse al rey Asuero, y que cumple bien con esa misión. Por su parte, Hegai parece ofrecerle al rey las jóvenes que no lo complacerían completamente, para luego presentarle a Ester. Su preparación de Ester y la estrategia de presentarla tres años después tienen éxito: «…el rey amó a Ester más que a todas las otras mujeres; halló ella más gracia y benevolencia que todas la demás vírgenes delante del rey, quien puso la corona real sobre su cabeza, y la hizo reinar en lugar de Vasti».

Mardoqueo denuncia una conspiración contra el rey (2.19-23)

Al ascender al trono, Ester no pierde su contacto con Mardoqueo y sigue los consejos de su padre adoptivo. Esto le permite a Mardoqueo «acumular puntos» con el rey, puesto que salva su vida al descubrir un complot entre los guardianes de la puerta de su casa —otro ejemplo de la precaria situación y aparente inestabilidad del poder de Asuero.

Amán trama la destrucción de los judíos (3.1-15)

«Mardoqueo ni se arrodillaba, ni se humillaba ante él…». Arrodillarse y humillarse ante alguien era para un judío un gesto que solamente se le rendía a Dios. La envidia comenzó a presentarse en los otros siervos del rey, quienes denuncian ante Amán la acción de Mardoqueo. En este breve capítulo el libro de Ester pone el dedo en la llaga del orgullo que se encuentra en todo corazón humano. Los otros servidores denuncian a Mardoqueo, y también Amán se llena de ira. La acción de Mardoqueo incita la ira de Amán, quien atribuye la ofensa de un individuo a un pueblo entero. Le dice a Asuero:

> «Hay un pueblo en tu reino esparcido y distribuido entre los pueblos de todas las provincias de tu reino, sus leyes son diferentes de las de todo el pueblo, y no guardan las leyes del rey.

Al rey nada le beneficia dejarlos vivir. Si place al rey, decrete que sean exterminados...» (Est 3.8-9).

Amán actúa con prontitud, añadiendo a la orden del rey el permiso para que los otros pueblos puedan exterminar a los judíos y quedarse con sus pertenencias.

Ester promete interceder por su pueblo (4.1-17)

Su posición real y el vivir en la casa de las mujeres aislaron a Ester de su pueblo, y también de las actividades «masculinas» de la corte del rey persa. Mardoqueo tuvo que presentarse vestido de luto –cubierto de ceniza, con los vestidos rasgados y con ropas ásperas– para que ella lo notara fuera de los muros del palacio del rey. Pero por medio de un mensajero Mardoqueo le recuerda a la reina,que aun su posición elevada no podría salvarla del decreto del rey:

«No pienses que escaparás en la casa del rey más que cualquier otro judío. Porque si callas absolutamente en este tiempo, respiro y liberación vendrá de alguna otra parte para los judíos; mas tú y la casa de tu padre pereceréis». Ester responde pidiendo que todos los judíos ayunen por el éxito de su misión –aunque no menciona el nombre de Jehová.

Sin embargo, la versión griega de Ester, que probablemente fue editada varios siglos después de la versión original, y cuyo contenido no figura en la versión de Reina-Valera, añade dos oraciones que muestran la religiosidad de Ester. Ester ora así:

«Y Ester, la reina, agobiada por un terror mortal huyó hacia el Señor. Se quitó sus ropas esplendidas y se vistió de luto... [Y dijo:] <O Señor, mi Dios, solamente tú eres nuestro rey. Ayúdame, porque estoy sola y no tengo nadie quien me ayude más que tú... >».

Esta oración nos muestra una judía piadosa escondiendo su identidad religiosa en un mundo gentil. Su situación es muy vulnerable, puesto que hay enemigos de su pueblo en la corte (Amán), y por no haber revelado su origen étnico antes de ser escogida por el rey, puede ser acusada de engañar al rey. Sin embargo, éste no es el problema principal que indica Ester en su repuesta a Mardoqueo. El problema es que al entrar en la presencia del rey sin ser llamada arriesgará su vida si él no la «perdona» extendiéndole su cetro, símbolo de su poder. Cuando Ester se presenta en el recinto del rey, Asuero inmediatamente piensa que ella está allí para pedirle algo. Pero la estrategia de Ester es de pedir algo que sabe complacerá al rey: invitarlo a un banquete para honrarle.

El banquete de Ester (5.1-14)

Complacido por la presencia de Ester, y quizás por el hecho de que ella ha arriesgado su vida para invitarlo a un banquete, Asuero le concede a Ester su deseo: asiste al banquete de la reina con Amán su consejero. En cada ocasión que Asuero se encuentra con la reina, ofrece concederle un deseo a Ester: «¿Qué tienes, reina Ester, y cuál es tu petición? Hasta la mitad del reino se te dará».

Ester entonces invita a Asuero y Amán a un segundo banquete. ¿Por qué? El texto no lo dice, pero lo que sí sucede es que el intervalo entre ellos le permite a la historia desarrollar el contraste entre dos personajes, Mardoqueo y Amán. Entre el primer y el segundo banquetes, el libro de Ester revela el carácter soberbio de Amán: es un hombre con un apetito insaciable por los honores:

> «...cuando llegó a su casa, mandó llamar a sus amigos y a Zeres, su mujer, y les refirió la gloria de sus riquezas, la multitud de sus hijos, y todas las cosas con que el rey lo había engrandecido, y cómo lo había honrado elevándolo por encima de los príncipes y siervos del rey. Y añadió Amán:
> –También la reina Ester a ninguno hizo venir con el rey al banquete que ella dispuso, sino a mí, y también para mañana

estoy convidado por ella con el rey. Pero todo esto de nada me sirve cada vez que veo al judío Mardoqueo sentado a la puerta real».

Amán está aún más contrariado cuando las buenas obras de su enemigo Mardoqueo son recordadas por el rey.

Amán rinde honores a Mardoqueo (6.1-14)

El apetito de Amán por los honores y reconocimientos llega al extremo. Cuando Asuero le pregunta cómo puede honrar a una persona (sin divulgar su nombre), Amán piensa que es él mismo. Por lo tanto, pide un honor extremo, llevar en público la identidad del rey:

«Para el hombre cuya honra desea el rey, traigan un vestido real que el rey haya usado y un caballo en que el rey ha cabalgado, y pongan en su cabeza una corona real; den luego el vestido y el caballo a alguno de los príncipes más nobles del rey, vistan a aquel hombre que el rey quiere honrar, llévenlo en el caballo por la plaza de la ciudad y pregonen delante de él: <Así se hará al hombre que el rey quiere honrar>» (Est 6.7-9).

¡Poco le falta para destronar al propio Asuero! Amán revela así su ambición, pero su deseo de ser honrado hasta el extremo es contrariado porque el rey recuerda las buenas obras de Mardoqueo. Amán no sabe que las buenas obras de Mardoqueo han salido a luz y de repente se encuentra honrando a su enemigo.

La muerte de Amán (7.1-10)

En el segundo banquete, Ester finalmente pide lo que desea del rey: su vida y la vida de su pueblo. Esta reina astuta revela el peligro en que se encuentra su pueblo de tal manera que la decepción de Amán sale a la luz. La estrategia de Ester ha sido ganarse emocionalmente al rey, porque como hemos visto Asuero tiende a actuar según sus emociones. En boca del mismo Asuero escuchamos la razón ética por la cual Amán pierde posición, posesiones, familia y finalmente, su vida: «¿Quién es, y dónde está, el que ha *ensoberbecido su corazón* para hacer semejante cosa?». Pero también Amán lo pierde todo porque, sin tener mucho cuidado, se acerca demasiado a la reina:

> «Cuando el rey regresó del huerto del palacio al aposento del banquete, Amán se había dejado caer sobre el lecho en que estaba Ester. Entonces exclamó el rey: <¿Querrás también violar a la reina en mi propia casa?>. Al proferir el rey estas palabras le cubrieron el rostro a Amán» (Est. 7.8).

Cubrir el rostro simboliza la desgracia total en que ha caído el antiguo consejero del rey. Su muerte llega rápidamente, cuando los servidores le cuentan a Asuero que había construido una horca para Mardoqueo. Sus hijos mueren después en la misma horca, y sus bienes pasan a manos de Mardoqueo.

Ester también utiliza un argumento político con el rey. El permiso de matar a un pueblo que vive en medio de otros pueblos conquistados es licencia para que comience una guerra civil generalizada:

> «Oh rey, si he hallado gracia en tus ojos y si place al rey, que se me conceda la vida: esa es mi petición; y la vida de mi pueblo: ese es mi deseo. Pues yo y mi pueblo hemos sido vendidos, para ser exterminados, para ser muertos y aniquilados. Si hubiéramos sido vendidos como siervos y siervas, me callaría; pero nuestra muerte será para el rey un daño irreparable».

Según Ester, los judíos en ese momento no estaban esclavizados. Al decretar irrevocablemente su muerte, aunque fuese un monarca absoluto, Asuero creaba un precedente. Nadie en el imperio persa podría confiar que su vida sería respetada.

Decreto de Asuero a favor de los judíos (8.1-16)

La reina Ester tiene que arriesgar su vida una vez más, pidiéndole una audiencia al rey. El decreto de Asuero a favor de los judíos no es una abolición de su decreto anterior. Es un permiso de autodefensa que contrarresta cada punto del decreto previo:

«Mardoqueo… escribió en nombre del rey Asuero, lo selló con el anillo del rey, y envió cartas por medio de correos montados en caballos veloces procedentes de las caballerías reales. En ellas el rey daba facultad a los judíos que estaban en todas las ciudades para que se reunieran para defender sus vidas, prontos a destruir, matar y aniquilar a toda fuerza armada de pueblo o provincia que viniera contra ellos, sus niños, mujeres y a apoderarse de sus bienes; y esto en un mismo día en todas la provincias del rey Asuero… ».

Sin embargo, las *copias* del decreto que se transmiten a las provincias añaden: «los judíos debían estar preparados aquel día para vengarse de sus enemigos».

Los judíos destruyen a sus enemigos (9.1-15)

Mardoqueo parece controlar totalmente las riendas del gobierno. La destrucción de los enemigos de los judíos se lleva acabo a pesar de que «nadie les opusiera resistencia, porque el temor de ellos se había apoderado de todos los pueblos». Tampoco los oficiales del rey se opusieron: «todos los príncipes de las provincias, los sátrapas, capitanes y oficiales del rey apoyaban a los judíos, pues todos temían a Mardoqueo, ya que Mardoqueo era grande en la casa del rey y su fama se había extendido en todas las provincias…».

Dice el libro de Ester que los judíos «descargaron su mano» sobre los enemigos que habían querido «enseñorearse de ellos», o sea, dominarlos. El número de enemigos que perecieron en todo el imperio fue de setenta y cinco mil, dando a entender que los judíos habían sido envidiados por mucha gente de los pueblos entre los cuales vivían. Aunque el libro de Ester habla de la liberación de los judíos del decreto de muerte, también trae consigo un serio problema moral para la interpretación cristiana de este libro. ¿Cómo reconciliar la matanza de los enemigos del pueblo judío con la misericordia que ese mismo pueblo recibe de parte del rey? ¿Cómo reconciliar la matanza despiadada de los enemigos con la misericordia de Jehová, celebrada en la fiesta de Purim? Hay que leer el libro de Ester en relación a todos los otros libros de la Biblia, porque un libro disminuye los excesos de otros.

La fiesta de Purim (9.16-32)

Purim significa «echar las suertes», y recibe ese nombre por el gesto de Amán, quien echa suertes para decidir en qué día van a morir los judíos: «Porque Amán, hijo de Hamedata, el agagueo, enemigo de todos los judíos, había ideado un plan para exterminarlos, y había echado Pur». Por orden de Mardoqueo, la fiesta de Purim (el plural de Pur, o sea suertes) celebra el momento de la salvación de los judíos; el día en que «los judíos estuvieran en paz con sus enemigos, y como el mes en que la tristeza se trocó en alegría, y el luto en festividad; que los convirtieran en días de banquete y de gozo, en día de enviar regalos cada uno a su vecino, y dádivas a los pobres». El decreto de Mardoqueo es promulgado con la autorización de la reina Ester. Lo curioso es que este texto no habla en ninguna parte de la mano de Dios en la salvación del pueblo. Sin embargo, queda sobrentendido que ésta es una festividad religiosa. El decreto que instituye la celebración de Purim por los judíos, tanto en las ciudades como en las aldeas y en el campo, usa el lenguaje de los libros del Levítico y Deuteronomio: «los judíos establecieron y prometieron que ellos, sus descendientes y todos sus allegados, no dejarían de celebrar estos dos días… serán recordados y celebrados por todas las generaciones, familias, provincias y ciudades… ».

En nuestros días, los judíos todavía guardan la fiesta de Purim recitando públicamente el libro de Ester, intercambiando regalos, dándoles regalos a los pobres y celebrando un banquete.

Mardoqueo exaltado por Asuero (10.1-3)

El libro de Ester concluye con la exaltación final de Mardoqueo, quien funciona como «el segundo del rey Asuero», una posición exaltada para un judío que venía de un pueblo conquistado. Sin embargo, esta exaltación no es tan extraordinaria, porque vemos a otros personajes judíos exaltados en las cortes de los grandes imperios del oriente antiguo: José en Egipto, Nehemías y Daniel en Babilonia.

¿Por qué leer el libro de Ester en el mundo de hoy?

¿Adaptación o asimilación? Cada pueblo que emigra y encuentra una cultura diferente a la suya tiene que hacerle frente a esta pregunta. La inquietud es aun más aguda si el inmigrante es parte de una «minoría visible» cuyos rasgos físicos lo destacan de quienes lo rodean. En este caso, la adaptación o asimilación puede ser limitada por el racismo. También puede ser una «minoría visible» si la práctica de su fe cuestiona los valores de la cultura dominante. O, peor todavía, es muy conveniente usar al grupo «diferente» como víctima expiatoria cuando algo no marcha bien en una sociedad. La historia de la humanidad está repleta de situaciones como la de Ester y Mardoqueo, en la que un pueblo puede ser exterminado por sus vecinos.

El libro de Ester relata la historia de una minoría expuesta a la envidia y a la muerte por sus valores religiosos y por su historia –muchos judíos en el imperio persa se negaban a cumplir con costumbres que minimizaban el papel de Jehová en sus vidas. Probablemente los judíos fieles tenían que vivir apartados de sus vecinos. Un ejemplo de un grupo como éste serían los «sacerdotes, levitas, cantores y porteros del templo» (Esd 7.7) que acompañaron a Esdras en su viaje a Jerusalén. Este tipo de grupo preserva su identidad judía creando barreras religiosas y hasta genealógicas, separándose de las culturas que los rodean. Para otros judíos, era más fácil adoptar nombres babilónicos o persas y el lenguaje y las costumbres del pueblo en que se encontraban, asimilándose de esta manera hasta cierto punto a la cultura que los rodeaba. Este tipo de grupo minimiza las costumbres y creencias que los separan. A este grupo pertenecen Ester y su familia.

En este momento histórico, cuando el inmigrante latino sobrepasa a todos los otros grupos que emigran hacia Norteamérica, el hispano se ha convertido en una minoría muy visible, especialmente en las instituciones públicas y en las iglesias. El inmigrante vive la presión de asimilarse a la cultura norteamericana –minimizando sus costumbres, su manera de vivir su fe y aun su manera de vestir y hablar, para no destacarse de los demás. También, como Ester y Mardoqueo, recibe el rechazo y la envidia de los que sienten que su presencia amenaza su manera de vivir. Pero si el inmigrante cambia toda su persona, ¿cómo puede seguir pensando en sí mismo como hispano? ¿Es este el precio que hay que pagar para ser ciudadano? ¿Es este el precio de participar y contribuir en esta sociedad?

Pero, ¿qué pasa si volteamos la moneda? Si pensamos que en nuestros países de Latinoamérica no existe la exclusión o el racismo contra el inmigrante, hay que recordar la experiencia de los judíos en las sociedades hispanas. Desde la época de la conquista de América, han existido comunidades judías que han tenido que esconder su identidad para sobrevivir en nuestro mundo cristiano e hispano. En el siglo XV un gran número de judíos fueron forzados a aceptar el bautismo. Estos conversos o «cristianos nuevos» tuvieron que usar varias estrategias para asimilarse a la cultura cristiana y al mismo tiempo conservar su judaísmo. Los conversos tuvieron tanto éxito que en España y Portugal (y por extensión en Latinoamérica) se promulgaron leyes por medio de las cuales solamente quienes pudieran probar su «pureza de sangre» –o sea que no tenían ascendencia judía—, podían participar en ciertas áreas de la vida pública y social. La intensidad de la persecución aumentó a tal grado que los conversos poco a poco fueron asimilados y desaparecieron como un grupo visible en la sociedad.

¿Adaptarse o asimilarse? Esta es una inquietud que cruza los límites de las generaciones de los pueblos inmigrantes. La primera generación inmigrante puede ser consumida por el simple esfuerzo de aprender una lengua y cultura, pero las que siguen navegan entre el mundo de sus padres y el de sus compañeros en la nueva sociedad. Los nombres de Mardoqueo y Ester indican que estos dos personajes vivían con un pie en cada una de las dos culturas. Eran judíos que encubrían su origen étnico y sus costumbres religiosas hasta que las circunstancias y el odio de Amán los descubre. Para esta segunda generación de judíos que viven en el destierro, como para el inmigrante de nuestros días, revelar sus creencias y costumbres es una decisión tomada con precaución. Hay que saber juzgar o calibrar el nivel de aceptación que existe en la cultura dominante.

Capítulo 5

Epílogo: ¿Qué precio pagar para sobrevivir?

Desparecer, ser excluido, asimilarse, separase para preservar su cultura... estas dinámicas juegan un papel enorme en las generaciones de inmigrantes latinos en Norteamérica. Cada generación escoge su destino. ¿Qué nos puede decir la experiencia de la reconstrucción del pueblo de Israel, después de ser casi completamente destruido?

Desaparecer o sobrevivir

Una pequeña nación tragada por un imperio globalizante, que a su vez es conquistada por otro imperio: tal fue el destino de muchas de las pequeñas naciones que rodeaban a los reinos de Israel y Judá antes del exilio. Muchas, incluyendo a Israel (el reino del norte), desaparecieron o fueron totalmente transformadas, a tal punto que su identidad social y religiosa desapareció completamente. En cambio, el reino del sur quedó en escombros, sus nobles y oficiales deportados. Sin embargo, de los escombros surgió de nuevo un pueblo que no perdió su identidad religiosa y social, a pesar de haber estado en contacto con las culturas de los grandes imperios de Babilonia y Persia. Este milagro sucedió por la creencia de que Jehová es fiel a sus promesas y un Dios compasivo y misericordioso con su pueblo.

«Porque yo Jehová, Dios tuyo, el Santo de Israel, soy tú Salvador; a Egipto he dado por tu rescate, a Etiopía y a Seba a cambio de ti. Porque en mis ojos eres de grande estima, eres honorable y yo te he amado; daré, pues, hombres a cambio de ti, y naciones y naciones a cambio de tu vida. No temas, porque yo soy contigo; del oriente traeré tu descendencia y del occidente te recogeré» (Is 43. 3-5).

Esta creencia, alimentada por los oráculos de consuelo de los profetas del exilio, finalmente se convirtió en realidad, como hemos visto en los libros de Esdras y Nehemías. Al tener la confianza de que participaban en la redención del pueblo de Dios, Esdras y Nehemías podían lanzarse a un enorme proyecto de reconstrucción física, social y religiosa.

En nuestra época, el pueblo hispano participa en el plan de redención de Dios en el mundo, incluso en América del Norte. Dios le dice: «a Egipto he dado por tu rescate, a Etiopía y a Seba a cambio de ti. Porque en mis ojos eres de grande estima, eres honorable y yo te he amado». El reto es lanzarse al proyecto de Dios, al proyecto social y religioso a que somos llamados. Este es el reto de todos, pero especialmente el reto para el inmigrante de hoy.

Inclusión o exclusión para sobrevivir

La nueva sociedad fundada en Jerusalén después del destierro forjó su identidad estableciendo límites conscientemente, reviviendo las tradiciones religiosas de sus antepasados, trazando los orígenes genealógicos de la población y… excluyendo a todos los que no habían formado parte de Israel antes de la conquista. Como hemos visto, la exclusión de las mujeres extranjeras –esposas, hijas, madres– y de sus hijos fue una injusticia obrada para mantener la «pureza» del culto a Jehová. Pero esto no mantuvo «puro» el culto, pues Nehemías se vio obligado a reformar una y otra vez las injusticias sociales en el pueblo. El libro de Rut representa un reto a esa política de exclusión –un reto que cita la misma historia de Israel, por los orígenes extranjeros del rey David, el bienamado de Jehová.

La exclusión tiene muchas caras: el racismo, la falta de acceso a una buena educación, la falta de acceso a la atención médica, la falta de acceso al trabajo. Todo esto minimiza al ser humano, y muchos hermanos latinos sufren estas limitaciones en nuestro ambiente. Mejor escoger la inclusión: incluir aun a quienes nos rechazan en nuestra visión para un mundo mejor. La tensión entre la exclusión y la inclusión es la experiencia de todas las generaciones inmigrantes.

Asimilación o separación para sobrevivir

Para los judíos que vivían en la diáspora, dispersos por todo el imperio persa, la inquietud era cómo integrarse a una sociedad pagana sin perder su identidad judía. El acercamiento a otra cultura y sociedad puede variar entre la asimilación y la separación; entre vivir con corazón judío y exterior persa, y vivir exterior e interiormente como judío en la cultura persa. En el caso de Ester y Mardoqueo, la persecución no les permitió asimilarse.

La asimilación significa perder todo aquello que nos diferencia de la cultura dominante: lengua, valores religiosos, vínculos familiares. Significa acoplarse a esa cultura dominante. La separación implica crear un muro que protege a la persona de lo que le rodea. Significa vivir en un gueto latino. La asimilación a menudo es la ruta que toman la segunda y tercera generaciones de inmigrantes latinos, y la separación es frecuentemente el patrón de la primera generación.

Una fe personal para vivir

En todos los libros bíblicos que hemos visto, todos los personajes revelan una fe personal y profunda en Jehová. Aun en el libro de Ester, donde la expresión religiosa no es muy evidente, notamos una gran capacidad para ayunar y orar por parte de Ester y

Mardoqueo. Arriesgan sus vidas con su confianza puesta en Dios. Esdras y Nehemías confían en que sus esfuerzos forman parte de la obra salvífica de Jehová en el mundo. Rut lo deja todo –familia, cultura, religión, certidumbre– para lanzarse al incierto destino que comparte con su suegra.

La fe personal y profunda en el Dios que salva, en Jehová, lanza a los personajes bíblicos hacia proyectos inmensos. ¿Cuál será el impacto de la fe personal y profunda que aportamos los latinos a América del Norte? ¿Cómo nos involucramos en el plan de salvación de Dios para este pueblo?

Notas

Introducción
1. H. Haag, A. van den Born y S. de Ausejo, «Puro» en *Diccionario de la Biblia*, Herder, Barcelona, 2000, 1608.

Capítulo 1: Rut
2. H. Haag, A. van den Born y S. de Ausejo, «Matrimonio» en *Diccionario de la Biblia*, Herder, Barcelona, 2000, 1199.
3. En la inmigración ilegal, el número de hombres sobrepasa a las mujeres. Richard Fry, Pew Hispanic Center, *Gender and Migration*, 7, 5, 2006.
4. United Nations Expert Group Meeting on International Migration Policies and the Status of Female Immigrants, *International Migration Policies and the Status of Female Immigrants*, New York: United Nations, 1995, 4.

Bibliografía selecta

Abadie, Phillipe, *El libro de Esdras y Nehemías, Cuadernos bíblicos,* 95 (Pamplona: Editorial Verbo Divino, 1998).

Bauer, Susan Wise, *The History of the Ancient World: From the Earliest Accounts to the Fall of Rome* (New York: W.W. Norton, 2007).

Bernabé Ubieta, Carmen, «Memoria y mestizaje», *Revista reseña bíblica* (Pamplona: Editorial Verbo Divino, 2003).

Campos Santiago, Jesús, «El exilio», *Revista reseña bíblica* (Pamplona: Editorial Verbo Divino, 1999).

Byler, Dionisio, *Genocidios en la Biblia: Ensayos sobre la violencia y la no-violencia en la historia del pueblo de Dios* (Barcelona: Editorial CLIE, 1998).

Edersheim, Alfred, *Comentario histórico al Antiguo Testamento: De Josué a Salomón, Tomo II,* (Barcelona: Editorial CLIE, 1997).

González, Justo L., *Santa Biblia: The Bible Through Hispanic Eyes* (Nashville: Abingdon Press, 1996).

Haag, H.A. van den Born, S. de Ausejo, *Diccionario de la Biblia* (Barcelona: Herder, 2000).

Kaiser, Walter C., *Hacia una teología del Antiguo Testamento* (Miami: Editorial Vida, 2000).

Levoratti, Armando J., *Comentario bíblico latinoamericano, AT 1* (Pamplona: Editorial Verbo Divino, 2004).

Packer, J.L. Cerril C. Terney y William White, *El mundo del Antiguo Testamento* (Miami: Editorial Vida, 1985).

Ramírez Muñoz, Guillermo, *Introducción al Antiguo Testamento* (Nashville: Abingdon Press, 2003).

Ruíz López, Demetria, ed. *El libro de Ester, Reseña Bíblica*, 56 (Pamplona: Editorial Verbo Divino, 2008).

Schiffman, Lawrence H., *From Text to Tradition: A History of Second Temple and Rabbinic Judaism* (Hoboken N.J.: Ktav Publishing House, 1991).

Von Rad, Gerhard, *Teología del Antiguo Testamento, vol 1 y 2* (Salamanca: Ediciones Sígueme, 1969).

Wénin, André, *El libro de Rut: Aproximación narrativa, Cuadernos bíblicos* 104 (Pamplona: Editorial Verbo Divino, 2000).